2억 빚을 진 내가
뒤늦게 알게 된

소~오름 돋는
우주의 법칙

2억 빚을 진 내가
뒤늦게 알게 된

소~오름
돋는
우주의
법칙

고이케 히로시 지음
이정환 옮김

🌳 나무생각

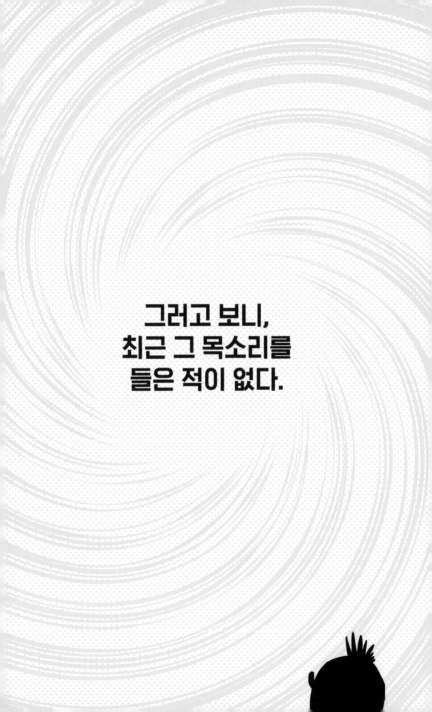

그러고 보니,
최근 그 목소리를
들은 적이 없다.

신용불량에서 벗어난 후

나는 고이케 히로시.

2억 원(2천만 엔)의 빚을 끌어안고 눈물로 시간을 보내던 15년 전,
어느 날, 샤워기 헤드에서 갑자기 나타난 '우주님'의 강력한
가르침을 통하여 전혀 예상할 수 없었던 기적을 잇달아
경험했고, 9년 만에 빚을 모두 갚았다.

그 후, 아름다운 아내와 귀여운 딸들도 생겨 지금은 즐거운
인생을 살고 있다. 작지만 쾌적한 사무실에서 성실하고 멋진
직원들에게 둘러싸여 웃음이 끊이지 않는 즐거운 시간을
보내는 한편, 일본 전역을 돌아다니면서 나처럼 기적을 맛볼 수
있는 방법을 사람들에게 전하기 위해 최선을 다하고 있다.

최근에는 강연 분위기가 너무 고조되어 내 쪽에서
"죄송합니다만 아직 할 말이 더 있어서 강연을
연장해야겠습니다."라는 식으로 사람들에게 부탁하기도 한다.
내게 일어난 인생 대역전극! 사람들은 그것을 기적이라고
부르는데, 만약 그게 기적이라면 우주에는 아직도 그 기적이
'재고 과잉' 상태로 산더미처럼 쌓여 있다. 사람들에게는 저마다
하고 싶은 간절한 일이나 이루고 싶은 꿈이 있을 텐데, 그것을
올바른 방식으로 '주문'하지 않기 때문이다.
우주는 우리가 발신하는 에너지를 증폭시켜 주는 하나의
장치다. 마음속에서 우러나오는 진심이 깃든 주문이라면
우주는 그것을 현실로 만들어주지만, 올바른 '주문'을 보내지
않으면 실현시켜 주지 못한다.

말버릇을 완전히 바꿔 올바른 주문을 할 수 있게 된 이후, 나의 생활에는 수많은 기적이 발생했다. 시리즈 2편(《2억 빚을 진 내게 우주님이 가르쳐준 운이 풀리는 말버릇: 만화편》)에서 소개한 '히로미'도 이 '주문 방법'을 실천해서 연속적으로 기적을 경험했고, 나의 강좌를 들은 사람들 중에도 일이 술술 잘 풀린 사람이 많았다. 우주에 주문을 보낸 다음 날 만난 사람과 6개월 만에 결혼한 사람도 있었다.

독자들이 보내주는 메일을 보면 큰 것에서 작은 것까지, 나도 깜짝 놀랄 정도의 많은 '기적'들이 일어나고 있다.

나는 2018년으로 접어들자마자 세미나를 열 때마다 청중에게 이렇게 말했다.

"제가 집을 샀습니다! 2020년에 계약할 겁니다!"

가족들이 동경하는 마당이 딸린 단독주택! 그 차고에는 그토록 가지고 싶었던 외제차가 주차되어 있다. 내가 주문한 것은 그런 구체적인 광경이었다.

왜 2020년이냐고? 사실 나는 신용카드를 만들 수 없다.

빚을 완전히 변제한 것이 2014년이고, 7년 정도는 그 이력이

남는다고 하니까, 7년 후면 2021년이다.

그래서 2020년을 목표로 삼았다.

신용카드를 만들 수 없는 나는 당연히 주택 융자도 받기

어렵다. 그래서 현금으로 구입한다는 전제로 "나는 2020년에

집을 현금으로 구입했다!"라고 주문했다.

우주에 주문을 보낸 후,

어떤 집에 살고 싶은지

이미지를 그려보면서

지내다가 정말 마음에

드는 집을 발견했다.

그런데 예상했던

것보다 집값이 꽤

비쌌다.

나는 블랙리스트에 올라 있어 현금이 아니면 집을 살 수
없었다. 그런데 그 집을 사기에는 현금이 부족했다. 정말 멋진
집이었지만 그 집과는 인연이 없다는 생각에 거의 포기했다.
그러던 어느 날, 매달 거래를 하는 금융기관을 찾아갔는데
지점장이 이렇게 말했다.

"히로시 씨, 혹시 상담하실 일이 있으면 언제든지 편하게
말씀하십시오."

"상담이라고 하시니까… 사실은 한 가지 있기는 합니다만…."
그러자 지점장이 즉시 응접실로 나를 안내했다.

"그게… 갑자기 이런 상담을 해도 되는지 모르겠습니다만, 제가
혹시 주택 융자를 받을 수 있을까요?"
나는 엉거주춤한 자세로 우물거렸다. 그러자 지점장이 상담을
흔쾌히 받아주며 말했다.

"심사를 한번 받아보시겠습니까?"
며칠 후 지점장에게서 전화가 걸려왔다.

"히로시 씨, 심사가 통과되었습니다."

내가 주택 융자를 받을 수 있을 거라곤 생각지도 못했다.
세상은 정말 알 수 없다. 마음에 드는 집이 있어도 구입할
방법이 없어 우왕좌왕하고 있었는데, 주문을 낸 것보다 2년이나
일찍 기적적으로 내 집을 사게 된 것이다.
또 "죽기 전에 한 번은 타보고 싶다!"라고 그토록 동경하던
외제차까지 충동 구매로 구입했다. 누가 상상이나 했을까?
신용카드 심사를 받으면 떨어지기만 하던 내가 융자로 집을
산다는 것은 누구보다 나 자신이 상상도 하지 못했던 일이다.
하지만 그것이 이루어졌다!

기적은 매일 일어나고 있다.
매일 일어난다면 그것은 이제 일상이다.

우주에 주문을 보내고 행동으로 옮겨 성취한다. 이런 식으로
'기적'은 이제 나에게 일상이 되었다. '기적'이 아니라 '일상'이다.

새로운 인생의 시작

설마 했던 것이 현실로 이루어져 내 집을 구입하게 되었고,
그로부터 몇 개월 후 우리 가족은 모두 이사 준비에 매달렸다.
아내는 물론 딸들도 신이 나서 짐을 꾸리느라 정신이 없었다.
새로운 생활을 상상하며 이것도 하고 싶다, 저것도 하고 싶다고
들떠서 돌아다니는 가족들의 모습을 보고 나도 마음속에서
솟아오르는 행복감에 한껏 취했다.
그렇게 한밤중이 되었다. 나는 서재에서 혼자 매달 1일이면
찾아가는 나카다(中田) 신사의 수호를 받는 이 맨션에
'감사합니다', '사랑합니다'라고, 지금까지의 감사를 전하면서
짐을 꾸리고 있었다.
'응? 그러고 보니 최근에는 찾아온 적이 없는 것 같은데….'
…문득 이런 생각이 들었다.

최근 우주님의 목소리를 들은 적이 없다!

내 마음속에서는 이제 '아이디어'나 '직감'의 형태를 띤
내 목소리가 당연한 듯 들리지만 우주님으로부터의 강력한
메시지는 최근에 들어본 적이 없었다.

몇 개월이나 지났을까?

1년 정도?

이런! 그것조차 확실하게 알 수 없었다.

그 정도로 생색을 내기 좋아하는 우주님이라면 당연히 집까지
구입하게 된 나를 찾아와 "그건 모두 내 덕분이야!"라고
큰소리를 쳐야 하는데, 왜지? 이해할 수 없었다.

'설마 이제 완전히 떠나버린 것일까?

더 이상 가르쳐줄 게 없을 정도로 내 인생이 탄탄해진 것일까?

그건 아닌데….

만약 우주님이 더 이상 등장하지 않는다면….

음… 어쨌든 우주님이 등장하지 않으면 곤란한데….'

바로 그때였다.

책장 위에서,

탁!

아얏!

'우르르 탁!'
하고 무엇인가가 떨어져 내 머리를
때렸다.
"아, 아얏!"

눈사태처럼 떨어져 내린 물건들 속에서
한 번도 본 적 없는 두루마리가
나타났다.
"웬 두루마리지?"
나는 고개를 갸웃거리며
두루마리 끈을 풀기 위해 손을 뻗었다.
그 순간, 내 눈앞에서 두루마리가 저절로 펼쳐졌다.
"뭐야? 이게 뭐지?"
두루마리를 읽기 시작한 나는
놀라서 나도 모르게 숨을 삼켰다.

인간은 아무래도 부정적인

말을 사용하기 쉽다.

여기에는 인간의 부정적인

말투나 심리 구조를 뜯어고치는

재교육 방법이 씌어 있다.

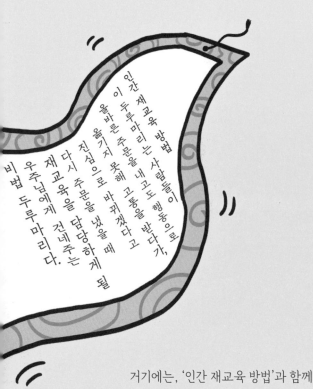

인간 재교육 방법

이 두루마리는 사람들이

올바른 주문을 내고도 행동으로

옮기지 못해 고통을 받다가,

진심으로 주문을 냈을 때

다시 재교육을 담당하게 될

우주님에게 건네주는

비법 두루마리다.

거기에는, '인간 재교육 방법'과 함께

인간은 이것을 보면 안 된다!

라는 글이 씌어 있었다.

"야, 히로시!

뭐야? 왜 남의 두루마리를 마음대로 읽는 거야?"

갑자기 천둥을 치는 듯한 커다란 목소리에 깜짝 놀라

나는 두루마리를 놓치고 바닥에 주저앉았다.

"앗! 죄송합니다. 정말 죄송합니다! 그런데…, 어라?"

머리를 끌어안은 채 웅크리고 앉아 있는 내게 우주님이

예전처럼 혼신의 힘을 담아 주먹을… 날리지 않는다.

두려움에 몸을 떨며 천천히 머리를 들자,

"야! 내가 너를 어떻게 때리냐?"

두루마리가 우주님의 목소리로 말을 하고 있었다.

"아니, 아무리 그래도 이건 설정이 좀 이상하잖아. 말을 하는
두루마리라고? 《해리 포터》도 아니고, 이게 무슨…."

"이제 와서 새삼스럽게 무슨 말이야? 내가 샤워기 헤드에서
나왔을 때부터 이미 충분히 이상한 설정이었잖아!"

"그런 말을 어떻게 본인 입으로…."

"시리즈 1편을 읽어본 독자라면 처음부터 '이 책을 쓴 저자는
어딘지 특이하네.'라고 생각했을 거라고."

"…아, 네. 그렇긴 하겠지만…. 그건 그렇고 이 두루마리는 대체
무엇입니까?"

"음… 이건…."

"우물거리지 말고 이해하기 쉽게 설명해주세요. '인간 재교육
방법'이 도대체 뭐죠?"

"젠장, 벌써 본 거야? 이건 인간 세계의 구조를 해석해서

사람들을 재교육하는 비법이 씌어 있는 두루마리야.
네게 나라는 존재가 있듯, 그리고 히로미에게는 히로미의
우주님이 있듯, 사람들 각자에게는 우주와의 '파이프' 역할을
담당하는 '우주님'들이 있다는 건 알려줬지? 우리가 지구로
올 때 읽고 머릿속에 입력해두는 것이 이 두루마리 내용이야.
우주가 그동안 축적해온 데이터를 바탕으로 인간은 어떤
성질을 가지고 있고, 어떤 것에 좌절하며, 그때 어떤 식으로
지도해야 좋은지를 말해주는 내용이지. '어떻게든 인생을
역전시키고 싶다!'라고 주문을 보낸 사람에게만 발동되는 것이
이 두루마리의 프로그램이야. 사람들의 입장에서 보면 모든
부정적인 것들을 긍정적인 것들로 변환시키는 '비법'이라고
말할 수 있지. 각각의 우주님들은 두루마리에 씌어 있는 비법에
따라 자신이 맡은 사람들을 교육시키는 거야. 나의 피실험자는
히로시 바로 너고."
"제, 제가 그럼 실험 대상자였다는 말씀입니까? 하지만 왜 그런
일을 하죠?"

"우주도 이제 슬슬 움직이기 시작했어. 시리즈 1편에서 네게 우주와 지구의 구조에 관해서 설명해줬지? 인간이 지구로 온 이유와 행동의 의미는 본래 인간은 몰라도 되는 것들이었어. 오히려 알면 안 되는 것이었지. 왜냐하면 모르는 쪽이 재미있으니까. 영화의 주인공도 영화 속이라는 사실을 모르는 상태에서 행동하고 성공과 실패를 맛보고 마지막을 맞이하잖아. 사람들도 지구에서 인생이라는 자신의 드라마를 완수하고 우주로 돌아오지. 하지만 말이야, 최근 지구에서는 위험을 회피하려는 사람들의 욕구가 비약적으로 높아졌어. 잔뜩 위축된 사람들이 증가하고 행동을 단순하게 즐길 수 없게 되면서 인생을 행복하게 마무리 짓지 못하는 상황이 증가한 거야. 우주로 돌아온 영혼들이 '실수였어. 지구에서 좀 더 적극적으로 살았어야 해.'라고 탄식을 하는 경우가 너무 많다 보니, 우주도 더 이상 외면할 수 없게 되었어. 무엇인가 조치를 취해야겠다고 생각했지. 그래서 여러 가지 부정적인 것들을 이끌어내는 세상의 '구조'를 해석해서 인간을 다시 교육시키기 위한 '재교육 프로그램'을 만들었어. 그리고 우주와 인간들 사이의 파이프 역할을 하는 나 같은 '우주'들을 한자리에 모아 '인간 재교육 선수권 대회'를 개최했지. 나도 거기에 후보로 올라갔는데, 오늘이 그 시상식 날이야."

"네? 시상식이라고요? 그건 그렇고… 이렇게 중요한 물건이 왜 여기에 있죠?"

"음… 사실 내가 커닝하려고 가져왔다가 깜박 잊어버리고 두고 갔으니까!"

"잊어버리고 갔다고요? 그럼 어차피 두고 간 것이니까 한번 읽어봐도 될까요? 제발 읽어보게 해주세요."

"야, 잠깐! 보지 마! 네가 함부로 만질 물건이 아냐!"

"하지만 잊어버리고 두고 간 쪽이 잘못이지요!"

"야! 함부로 펼치지 말라니까! 안 돼!"

두루마리를 펼치려 하는 나와 펼쳐지지 않으려고 버티는 두루마리. 그런 혼잡한 힘겨루기가 이어진 끝에, 두루마리가 저절로 데굴데굴 구르더니 그 안에 있는 글들이 천천히

드러나기 시작했다.

나는 사람들은 알아서는 안 되는 비법이 씌어 있는 '말하는
두루마리'를 집어들고 재빨리 읽기 시작했다.

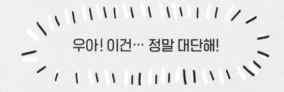

우아! 이건… 정말 대단해!

등 장 인 물

고이케 히로시
센다이에 살고 있다.
15년 전에 2억 원의 빚을
끌어안고 좌절감에 빠져
있을 때 우주님을 만나
말버릇을 바꾸고 인생을
극적으로 반전시켰다. 9년
만에 빚을 모두 갚고 아내,
두 딸과 함께 행복하게
살고 있다.

우주님
(본명: 위대한 우주신)
인생의 벼랑 끝에 몰린
히로시의 주문을 듣고
샤워기 헤드에서 나타나
카리스마 있는 말투로
히로시를 이끌어주는
신비한 존재. 히로시의
인생 대역전극을
멋지게 이끌어낸 것과
모히칸 헤어스타일로
유명해졌다.

고이즈미 히로미
시리즈 2편의 주인공.
38세 독신에 애인도 없고
일도 없고 빚만 지고
있던 삼중고의 환경에서
인생 대역전을 이루고,
이상적인 결혼을 해서
프랑스에서 행복하게
살고 있다.

가라스덴구
까마귀 부리와 날개를
가진 '덴구'라는 상상의
괴물로, 일본 수호신 중 한
명이다. 신사를 거점으로
돌아다니며 우주를
믿는 사람들에게 기적을
일으킨다.

아기 우주님
히로미가 히로시의
흉내를 내서 샤워기
헤드를 보고 기도를
하자 나타났다. 히로미를
이끌어주면서 아기
우주님도 조금씩 변화를
일으켜 화제가 되었다.

미도리
우주 중매인 네트워크에
소속되어 있는 중매인.
'결혼'을 주문한 사람에게
나타나 인연을 맺어준다.

2부 고민이 반복되는 법칙

3부 돈의 순환 법칙

4부 　인간관계의 법칙

5부 　일과 성공의 법칙

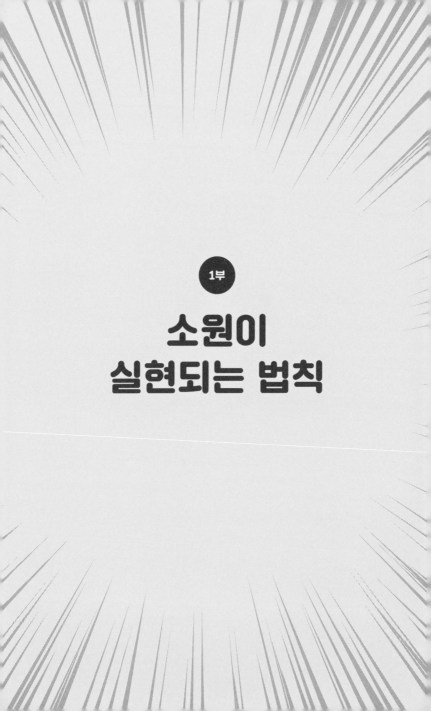

1부

소원이
실현되는 법칙

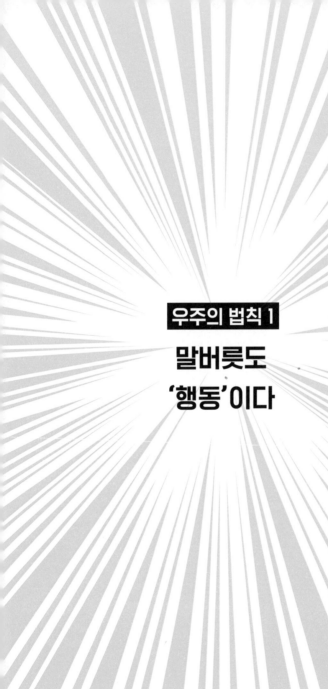

우주의 법칙 1

말버릇도
'행동'이다

주문만 보내고 행동하지 않는
사람을 교육하는 방법

"소원이 이루어졌으면 좋겠어!" "행복해지고 싶어!"

요즘 사람들이 빠져 있는 이른바 '스피리추얼(spiritual)'에는 사실 함정이 많다. 우주에 주문을 보내면 아무것도 하지 않아도 원하는 것이 눈앞에 떨어진다고 생각하는 사람들이 늘어나고 있기 때문에 주의해야 한다.

스피리추얼은 눈에 보이지 않는 세계다. 대부분의 사람들은 그 세계를 알았을 때 무엇인가 큰 것을 얻고 새로운 세계가 펼쳐진다고 여긴다. 망설이거나 고민하는 사람들에게는 든든한 지주가 되는 경우도 많지만, 어떤 사람들은 '이것만 믿으면 다 된다'는 식으로 다른 해결 방법을 받아들이지 않는다. 스피리추얼이 오히려 행동을 방해하는 요인으로 작용하는 것이다.

눈에 보이지 않는 세계만 의지하고 스스로의 행동을 포기하는 것은 '스피리추얼'이 아니다. 결과를 도출해내는 주체는 자신의 두 발로 땅을 밟고 서 있는 사람이다. 그들은 자신의 발을 직접 움직여 행동하고 원하는 것을 발신한다. 그렇기 때문에 운이 따르는 것이다. "이렇게 되었으면…." 하고 바라면서 아무런 행동도 하지 않은 채 멍하니 기다리는 것이 절대로 아니다.

어떤 사람은 영적인 힘을 얻을 수 있다는 곳에 가서 "아, 이것으로 인생이 바뀌었어."라고 억지로 안도감을 느끼려 하는데, 이것도 아무 의미 없는 행동이다. 눈에 보이지 않는 것을 현실적인 존재로 포착하고 그 힘을 빌려야 한다. 공기를 예로 들면 이해하기 쉽다. 눈에는 보이지 않지만 현실적으로 그곳에 존재한다. 눈에 보이는 것만이 사람들의 삶을 도와주는 것은 아니다. 눈에 보이지 않는 것에도 현실성은 있다.

그렇기 때문에 정말로 스피리추얼을 신뢰하고 소중하게 여기는 사람은 진정한 현실주의자이며, 자신의 발로 땅을 디디고 서서 행동한다. 이 사실을 대부분의 사람들은 모르고 있다. 지금은 이것이 지구에서의 삶을 마음껏 누리는 것을 방해하는 주요 원인으로 작용하고 있다.

부정적인 말버릇을 가진
사람을 교육하는 방법

사람들은 언어를 사용한다. 언어는 커뮤니케이션 수단임과 동시에 자신의 마음을 표현하거나 정돈하는 수단이기도 하다. 또한 언어를 사용하면서 사람들은 소원을 주문하는 능력이 비약적으로 향상되었다.

말은 소리다. 그리고 진동을 만들어내는 소리는 에너지 그 자체다. 가수가 복부의 힘을 사용해서 입으로 부르는 노래를 듣고 우리는 감동하고 그 소리에 실려 있는 내용에 눈물을 흘리기도 한다. 그 노랫소리에 자신의 마음을 흔드는 강한 에너지가 깃들어 있기 때문이다.

사람들의 입에서 나오는 소리, 즉 목소리는 진동을 하면서 공기를 타고 뻗어나가 상대방에게 전달되며 우주까지 전달된다. 우주는 이런 에너지들을 받아들여 증폭시키는 방식으로 사람들의 소원을 들어준다. 다시 말하면, 사람들이 매일 입 밖으로 내는 모든 말이 주문인 셈이다.

그렇기 때문에 평소에 사용하는 말을 주의해 골라야 하며, 좋은 말을 하고 부정적인 말은 하지 말아야 한다. 그것만으로도 사람들의 삶은 비약적으로 바뀔 수 있다.

그중에서도 가장 강력한 에너지를 가진 말이 '감사합니다'와 '사랑합니다'와 같은 말이다. 하지만 아무리 '감사합니다'를 중얼거린다고 해도 평소에 사용하는 말이 "최악이야.", "싫어.", "기분 나빠."와 같은 부정적인 말이라면 우주는 양쪽 모두를 증폭시키기 때문에 결국 의미가 상쇄되고 만다.

"나는 매번 '감사합니다'라고 말하는데도 아무런 변화가 없어."라고 하는 사람들이 있다면 말버릇부터 철저하게 교정해야 한다.

진정한
스피리추얼은
행동하는 것이다

우주님이 두고 간 두루마리 맨 앞에 씌어 있던 것은, 진정한 스피리추얼은 가장 현실적인 것, 즉 행동하는 것이라는 내용이었다. 이것은 내가 우주님에게 문자 그대로 '주입'을 받은 적도 있다.

말버릇을 바꾼다는 것도 물론 지금 당장 할 수 있는 최초의 '행동'이다. 또 우주님으로부터 무언가 힌트를 얻으면 곧바로 '행동'에 옮겨야 한다. 그렇게 하는 동안에 다음 힌트가 찾아오고 또 행동으로 옮기고… 이런 식으로 반복한 결과, 내 빚을 모두 변제할 수 있었고, 지금 이렇게 행복하게 살고 있다.

서점에 가보면, 내 책이 분류되어 있는 스피리추얼 분야에는 행복하게 살고 싶다고 생각하는 사람들에게 힘을 주는 책들이 잔뜩 진열되어 있다. 그럼에도 "수많은 책을 읽어봤지만 내 현실은 전혀 바뀌지 않았어."라고 말하는 사람들이 많이 있다.

우주님　　그건 사람들이 스피리추얼에 대해서 착각을 하고 있기 때문이야.

히로시　　스피리추얼은 눈에 보이지는 않지만 단순히 상상하고 원하고 기다리는 것과는 전혀 다르다는 말이지요?

우주님　　그렇지! 눈에 보이지 않는다고 해서 현실적으로 존재하지 않는다는 것은 아니야. 눈에 보이지는 않지만 확실하게 존재하는 에너지가 있거든!

눈에 보이지 않는 존재를 소중하게 여기고 의지했는데 소원이 좀처럼 이루어지지 않을 때에는 무엇보다 이 부분을 반드시 확인해야 한다.

우주님　　본인의 두 발로 땅을 확실하게 디디고 서서 지금 살고 있는 현실 세계에서 최선을 다하고 있는가?

이게 중요한 거야. 스피리추얼을 진심으로 믿는 사람이
사실은 현실주의자라고!

히로시 스피리추얼이 곧 현실주의라고요? 뭔가 대단한 명언
같은데요.

말버릇으로 인생이 바뀌는 진짜 이유

우주님 결국 지구에서의 스피리추얼은 끊임없는 에너지 발신, 즉 주문과 행동이 세트로 이루어지는 거야. "그 말은 결국 스스로 노력하지 않으면 안 된다는 뜻이잖아."라고 낙담할 필요는 없어. 히로시 너를 잘 봐. 매일 즐거운 마음으로 열심히 움직이고 있잖아. 인생의 밑바닥에 있을 때도 하루에 '감사합니다'라는 말을 7천 번 정도 했었지?

히로시 그야 '감사합니다'라는 말을 하고 우주님이 준 힌트를 따라 행동하면 소원이 이루어지니까 그랬지요.

우주님 넌 정말 단순해서 좋아.

말로 표현하는 것 자체가 주문이 이루어지게 만드는 행동이다. 말로 표현하는 행위는 소원을 이루는 첫걸음이다. 나 자신의 경험을 돌이켜보면 확신할 수 있다.

목소리도 파동을 가진 에너지 그 자체다. 다양한 소리의 조합이 우리의 목소리나 말을 만들어낸다. 그리고 소리의 조합에 의해 에너지는 좋아지기도 하고 나빠지기도 한다.

'단순한 소리 아냐?'라고 생각할지도 모른다. 하지만 우리는 소리의 조합으로 상대에게 마음을 전달하거나 받아들일 수 있다. '감사합니다'라는 말을 들으면 기분이 좋고 '바보', '멍청이'라는 말을 들으면 기분이 나빠진다. 그것은 말의 의미를 받아들임과 동시에 그 말에 실려 있는 에너지를 순간적으로 감지하기 때문이다. 그러므로 사람은 에너지의 발신기이자 수신기다.

좋은 말을 발신하고 좋은 말을 수신함으로써,
좋은 에너지를 발신하고 좋은 에너지를 수신한다.

이 순환은 주문을 성공시키는 토대다. 우주가 주문을 실현시키는 구조는 우리가 발신한 주문, 즉 '에너지'를 증폭시켜주는 것뿐이다.

종이 한 장으로 말버릇을 바꾼다

"마음속으로만 '감사합니다'라는 말을 하면 안 되나요?"

"몇 번을 말하면 되는 것인지 알 수가 없어서 불안해요."

"아무리 노력해도 부정적인 말이 머릿속에 떠올라요."

"좋은 말버릇이 습관화되지 않아요."

"저도 모르게 부정적인 말버릇으로 돌아와버려요."

최근 독자들로부터 이런 질문을 자주 받는다.

우주님 뭐야, 그런 것 때문에 고민이라고? 걱정할 것 없어.

부정적인 말버릇은 얼마든지 고칠 수 있으니까.

방법은 간단해. 우선 종이를 한 장 준비해. 그리고

자신이 중얼거리는 '자학적인 말버릇', '꿈꾸는 듯한 말버릇', '무엇인가를 막연히 바라는 말버릇'을 종이에다 써보는거야. 그리고 펜으로 하나씩 X 표시를 해서 지워봐. 전부 지웠으면 지금까지 줄곧 해왔던 말 대신 어떤 말을 할 것인지 써봐. 그건 그대로 우주에 보내는 주문이 되니까 명확하게 잘 써야 돼!

예를 들면 이런 식이다.

"돈이 있으면 좋겠다." → "돈은 있어."
"나는 안 돼." → "나 정도면 괜찮아."
"내가 할 수 있을 리 없어." → "나라면 당연히 할 수 있어."
"여행을 가고 싶어." → "여행을 갈 거야."

다 끝났으면 종이를 눈에 잘 띄는 장소에 붙여두고 의식적으로 긍정적으로 수정한 말을 사용한다. 만약 자기도 모르게 부정적인 말을 했다면 그 열 배, 즉 열 번은 긍정적인 말을 되풀이한다.

처음에는 위화감이나 거부감이 느껴질 수도 있다. '난 도저히 그렇게 생각할 수가 없어.'라는 마음이 들 수도 있다.

그 기분은 충분히 이해할 수 있다. 나도 이 방법을 직접 실천해봤으니까. 그렇기 때문에 왠지 모르게 되돌아가는 기분, 불안해지는 기분, 좀처럼 바뀌지 않는 현실 때문에 기가 죽는 기분이 어떤 것인지 잘 알고 있다.

하지만 그런 불안감은 떨쳐버려야 한다. 일단 어린 시절에 부모나 주변 사람들로부터 듣지 못했던, 에너지가 깃든 긍정적인 말을 자신을 향해 몇 번이고 해야 한다.

그렇다!

'자신'이 믿어줄 때까지 몇 번이고 말해야 한다.

소원이 이뤄진
미래가 이미
우주에 존재한다

어린 시절에는 도저히 이루어지지 않을 거창한 꿈을 이야기해도 부모들은 기뻐해준다.

"우주비행사가 될 거야!"

"연예인이 될 거야!"

"억만장자가 될 거야!"

그중에는 자식들이 신이 나서 그렇게 말하면 "세상이 그렇게 쉽지만은 않은 거란다."라고 말하는 부모도 있을지 모르지만, 대부분은 얼굴 가득 미소를 띠고 "그래? 그거 정말 멋있다!", "그래. 당연히 그렇게 되어야지."라는 식으로 응원해준다.

우주님 히로시, 가끔은 좋은 말도 할 줄 아는데! 나는
사람들에게 묻고 싶어. "그 거창한 꿈이 정말
이루어지지 않을 꿈이라고 생각해? 그런 꿈을 이룬
사람이 정말 없나?"라고 말이야.

우주는 인간이 소원을 생각한 그 시점부터 그것을
실현시키기 위한 정보를 그러모으지. 우주에는 그
꿈이나 소원이 이미 이루어진 미래도 동시에 존재해.
즉, 생각을 한 그 시점에서 그 정보는 이미 우주에
존재하는 거야! 어때? 내 말을 알아듣겠지, 히로시?

히로시 아, 당연히 알아듣지요. 알아듣고말고요! 그만큼
우주님에게 교육을 받았는데 어떻게 모르겠어요?

세계 무대에서 활약하고 있는 사람들 대부분이 "어린 시
절부터 프로가 되겠다고 결심했습니다."라거나 "반드시 꿈
을 이룰 수 있을 거라고 믿었습니다."라고 말하는 장면을 본
적이 있을 것이다.

소원을 이룬 사람과 이루지 못한 사람의 차이가 있다면,
자신에게 제한을 두지 않고 순수하게 소원이 이뤄질 것이
라고 믿고 있었는가 하는 것이다. 그리고 또 하나, 그 꿈을
향해서 지속적으로 행동했는가 하는 것이다.

일단 행동으로 옮긴다

"우주에서 온 힌트를 이해하지 못하겠습니다."라는 말도 정말 자주 듣는다. 대답부터 하자면 '우주에서 온 힌트'는 대부분 그 순간에는 잘 모른다. 나중에 돌이켜 보았을 때 "아, 그건 역시 우주가 내게 보내준 힌트였어."라고 깨닫게 된다. 그렇다. '나중에' 이해하게 되는 것이다.

물론 기적에 익숙해지면 "아, 이건 곧바로 실행해야 하는 거야."라는 식으로 인지할 수 있지만 그것을 이룰 수 있는 사람은 '행동하는 사람'이다.

좀 더 정확하게 말하면, 우주에서 온 힌트가 무엇인지 정확하게 모르더라도 왠지 해야 할 것 같은 기분이 들면 일단 행동으로 옮기는 사람이 기적을 만들어낸다.

그렇다! 마음속에서 '문득 떠오른 것'이 '우주에서 온 힌트'인지 정확하게 알 수는 없더라도 일단 행동하는 사람이어야 한다. 그렇게 행동으로 옮기는 사람에게만 보이는 새로운 세계와 미래가 있다. 나는 그렇게 확신한다.

이런 말을 하면, "응? 그럼 힌트인지 아닌지 확신이 없어도 된다고? 만약 힌트가 아니었다면 어떻게 하려고?"라고 반문을 할지 모른다.

우주님　힌트가 아니었다고 해도 나쁠 건 없잖아! 힌트가
　　　　　아니었다면 그것은 그 나름대로 힌트가 아니었기
　　　　　때문에 그 뒤에 오는 것이 힌트라는 힌트지!
히로시　처음에는 그런 걸 이해하기 힘들지요.

하지만 이것도 우리 인간이 지구로 온 목적을 생각하면 이해할 수 있다. 지구에서는 '행동하는 것' 자체가 즐거움이니까. 힌트이든 힌트가 아니든 간에 행동을 통해서 원하는 것을 이루는 것이 우주의 법칙이다.

힌트를 얻어 행동하면 결과가 나오고, 거기에서 또 힌트를 얻어 행동하면 또 결과가 나온다. 원하는 결과가 나오지

않는다고 해도 사실은 '결과가 나오지 않는다는 결과'가 나
오는 것이고, 그 앞에는 주문이 실현된 미래가 존재한다.

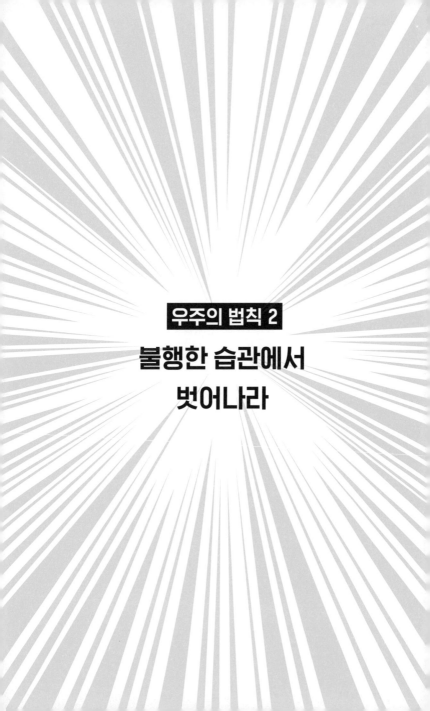

우주의 법칙 2

불행한 습관에서
벗어나라

겁이 많은
사람을 교육하는 방법

일이 잘 풀리지 않아 수렁에 빠진 사람은 자신의 인생에 '멋
진 순간'이나 '성공한 경험' 등이 있었다는 사실을 완전히 잊
어버린다. 사람들이 나쁜 쪽으로만 눈길을 돌리는 이유는 뇌
의 성질 또는 마음의 성질에 문제가 있기 때문이다.

　모든 동물에게는 본능적으로 자신의 생명을 지키려는 시
스템, 즉 '위험 회피 능력'이 있다. 동물들은 위험에 민감하
다. 만약 다른 포식자에게 잡아먹히면 우주로 강제 송환을
당해야 하니까 당연하다. 그래서 동물들은 지구에 태어나는
그 순간부터 생명을 위협하는 부정적인 대상을 향해 늘 안테
나를 세우고 있다.

　그러나 완전히 근대화된 현대사회에서 사람들은 오랜 역

사(우주에서 보면 찰나에 지나지 않지만) 속에서 배양되어온 위험 회피 능력이 더 이상 필요하지 않게 되었다. 위험 회피 능력이란 '적이나 위험한 장소를 판단하고 즉각적으로 피하여 생명을 지키는 것'이다. 하지만 지금은 거리에서 사자나 호랑이를 만나는 경우는 거의 없다.

반면 인간의 뇌는 비약적으로 진화해서 위험을 감지하는 안테나의 정밀도가 매우 높아졌다. 따라서 정말로 위험한지, 그렇지 않은지가 아니라 '위험하다고 생각한 것', '당시에는 위험했던 것'을 계속 기억하고 무의식적으로 피하려 하거나 도망치려 하거나 다가가지 않으려 한다. 한마디로 겁쟁이가 된 것이다.

그런 차원에서 우주도 이런 겁쟁이들을 교육시키는 시스템을 새롭게 갖추었다.

노력 지상주의에 빠진
사람을 교육하는 방법

우주에 주문을 한 내용이 이루어지는지는 최선을 다했는가, 최선을 다하지 않았는가, 고생을 했는가, 고생을 하지 않았는가 하는 것과는 아무런 관계가 없다는 사실을 모르는 사람이 꽤 많다.

또 한 번 최선을 다해 노력을 기울였던 기억이 있는 사람은 노력하지 않고 무엇인가를 얻는다는 데 죄책감을 끌어안고 노력하지 않는 사람을 용서하지 못하는 경향까지 있다.

간단히 소원을 이루는 것이 나쁜 것은 아니다. 행동만 했다면, 힘들이지 않고 행복해졌다고 해도 아무런 문제가 없다. 고생을 해서 행복해졌든 즐겁게 즐기면서 행복해졌든 '행동'을 했는가, 하지 않았는가 하는 것이 중요할 뿐이다. 그것을 명심하고, 만약 행동을 주저하는 사람이 있다면 주저 없이 곧바로 행동하도록 교육해야 한다.

단, 노력 지상주의에 빠져 있는 사람들이 너무 많기 때문에 개선을 하려면 끈기가 필요하다. 사람들 대부분은 '행동'에는 '노력', '고생', '필사적', '최대한'이라는 수식어가 붙어야 한다고 생각하지만 이것은 절반은 맞고 절반은 틀린 생각이다.

소원을 이루려면 행동이 절대적으로 필요하지만 '고생을 하고 노력한 인간만 성공할 수 있다'는 제한 그 자체가 우주로 보내는 주문이 되니 주의해야 한다.

고생을 하든, 하지 않든 행동을 하면 소원은 이루어진다.

소원을 간단히 이루는 것도, 죽을힘을 다해 고생해서 이루는 것도 모두 그 사람의 주문이다.

사람들은 왜 부정적으로 반응할까

"부정적인 생각은 버려야 해! 긍정적인 사람이 되자!"

"부정적인 내 모습도 받아들여야 해."

이처럼 우리는 인생이 잘 풀리지 않을 때 나에게 있는 부정적인 요소를 고치려 하거나 다른 모든 수단을 강구한다. 나도 많은 시도를 해보았다.

우주님　사람은 원래 부정적으로 반응하도록 만들어진
　　　　　존재야. 무서운 일, 괴로운 일, 고통스러운 일에
　　　　　민감하지 않으면, 엉뚱한 짓을 해서 생명을 잃을
　　　　　수 있으니까 조심해야 하지. 하지만 그렇다고 아무

행동을 하지 않는다면 어떻게 될까? 어떤 것도 얻을 수 없어. 지구에 온 의미가 없지!

히로시 겁을 집어먹고 아무 행동을 하지 않는다는 것은 참 비참한 일이지요. 그 결과 사람들은 부정적인 것에 민감하고, 거기에 마음이 즉각적으로 반응하잖아요. 당연히 기억에도 강하게 남겠지요.

우주님 그래. 사람들은 툭하면 "내가 왜 그랬지? 그런 실수를 하다니!"라는 식으로 탄식을 하는데, 사실 당사자만 그렇게 기억하고 있을 뿐 주변 사람들은 깨끗하게 잊어버리는 경우가 많지. 대부분 혼자만의 지나친 생각일 뿐이야.

히로시 그렇지요.

우주님 그런데도 사람들은 몇 번이나 그 실패나 공포를 기억해내고 비슷한 체험을 할 때마다 마음속에 각인을 시키듯 자신의 가치관을 점점 부정적인 쪽으로 끌고 가지.

그러는 동안에 그 사람은 "하지만 그때 좋은 결과를 얻지 못해서….", "그런 안 좋은 경험이 있기 때문에…."라는 말이 버릇이 되어 계속 부정적인 주문을 내는 거야.

히로시   그렇지요. 그 중요한 주문을… 정말 안타까운
           일이에요.

나는 이미 내 경험을 통해서 '기한을 정한다', '종이에 적
는다', '말로 표현한다'는 것으로 주문이 얼마나 이루어지기
쉬운지를 설명했는데, 종이와 펜은 그 밖에도 마법처럼 여
러 가지 기적을 이끌어낸다는 사실을 알았다.

우선, 나 자신이 실천을 해서 큰 효과를 보았다. 이 기회
에 여러분에게도 말해줄 테니 부디 실행해보기 바란다.

먼저 종이와 펜을 준비한다. 자신의 인생을 1년씩 역행하
면서 그해에 발생한 멋진 일들을 적는다. '작년에는 이런 좋
은 일이 있었지.', '그 전년도에는 이런 일이 있었구나. 아,
그런 일도 있었지…'라는 식으로.

1년마다 최소한 10개씩 적는다고 할 때, 10년을 거슬러
올라가면 100개가 된다. 아무리 사소한 것이라도 상관없다.
기분 나쁜 기억 속에서 좋은 일을 찾아내는 것도 괜찮다.

100개를 적었다면 화장실이나 거실, 책상 앞 등 눈에 띄
는 장소에 붙여둔다. 그리고 그중 하나를 골라 반드시 실황
중계를 해본다. 박진감 넘치는 BGM은 필수!

"오오오! 2억 원의 빚을 끌어안고 펑펑 울던 히로시가
멋진 반격을 시도합니다.
저 멋진 여인에게 프러포즈라니!
세상에! 빚이 아직 남아 있는 상태인데
무슨 배짱일까요?
그런데… 그 대답이 OK! OK랍니다!
해냈습니다! 불사조 히로시!
마침내 인생의 금메달을 손에 넣었습니다!"

이렇게 인생에서 성공했거나 즐거웠던 경험을 정리해서 틈날 때마다 눈으로 보고 확인하면 기억이 계속 되살아난다.

"사슴벌레를 어떻게 잡을 것인지 궁리하다가 마침내 가장 멋진 놈을 잡았다."

"어떻게든 주전 선수가 되기 위해 매일 연습을 했다."

이런 식으로 확실하게 주문을 보낸 뒤 행동해서 손에 넣은 것들이 나에게도 있다는 사실을 되살리는 것이다. 아무리 사소한 것이라고 해도 행동으로 실천한 것들은 빛나는 보물들이다. 그리고 그것들이 나의 인생을 구성하고 현재의 나를 만들었다. 나에게는 결코 나쁜 일만 있었던 것은 아니라는 점을 기억해내기를 바란다. 그렇게 하면 메마른 우물에 물이 돌아오듯 우리 마음이 윤택해진다.

"나는 확실하게 주문도 보냈고 행동도 했다."는 사실을 알아야 한다.

실천한 사람만이 알고 있는 세계를 나도 알고 있다는 사실을 깨닫게 되면 아직 보지 못한 세계를 경험해보기 위해 새로운 행동과 도전을 하고 싶어진다. 인생은 본래 그렇게 가슴 설레는 것이다.

위기 속에서도 행복해지는 길을 찾는다

우리가 사는 지구는 행동하는 별이다. '마음'은 우리의 '몸'을 위협으로부터 지키기 위해 부정적인 것에 민감하게 반응한다.

이렇게 생각하면, 자기도 모르게 부정적인 생각을 떠올릴 때도 "그래, 나를 살리기 위해 마음이 이렇게 지켜주는 거야."라면서 감사하는 마음을 가질 것이다.

우주님 그걸 알았으면 다음으로 중요한 것은 '영혼'의 이야기겠지?

히로시 마음보다 우주에 훨씬 더 가까운, 우리와 우주를 연결해주는 접점 말이지요?

우주님   그렇지. 우주와 연결된 파이프의 심층부를 말하는
거야.

'영혼'은 지구에서의 행동을 마음껏 즐기고 우주에 보고하
는 존재다. '마음'이 생명을 지키기 위해 위축되거나 행동을
막는 경우에도 '영혼'은 한껏 기대를 가지고 즐기고 있다.

예를 들어 영화 〈아마겟돈(Armageddon)〉을 보면 소혹성
이 지구와 충돌할 위기에 처하자 석유 채굴을 하던 무법자
같은 거친 남자들이 우주로 날아가 소혹성의 궤도를 바꾸
는 목숨을 건 임무에 도전한다. 지구 멸망을 다룬 이 영화를
관객들은 한껏 기대를 가지고 흥미롭게 관람한다. 마지막
에 주인공이 목숨을 잃는 장면조차 감동으로 받아들인다.

하지만 이게 만약 현실 세계에서 발생한 일이고, 앞으로
18일이면 지구가 사라진다고 할 때 "자, 그럼 무법자 집단
에게 우리의 목숨을 맡기자."라는 결론이 나왔다고 하자. 대
공황이 발생하지 않을까?

사람들의 이러한 반응은 '마음'에 의해 발생한다. 생명을
지키기 위한 초조감과 공황상태에서 비롯된 것이다.

그러나 '영혼'은 전혀 초조해하지 않는다. 우리가 살고 있

는 현실 세계와 지구는 행동을 즐기기 위한 '무대'라는 사실을 잘 알고 있기 때문이다.

우주님 지구에서 '몸'과 '마음'을 얻은 사람들은 깨닫지 못하겠지만, '영혼'은 그것을 잘 알고 있기 때문에, 수렁에 빠져 발버둥을 칠 때조차 마음껏 즐길 수 있는 것이지.

히로시 하지만 우리는 실제로 고통을 느끼고, 힘들기 때문에 그렇게 느긋하기 어렵잖아요.

우주님 본래 그런 건 아니야. 이 구조를 가르쳐주지 않았어도 사람들은 인생이라는 영화를 마음껏 즐겼어. 그런데 요즘 사람들은 마음의 브레이크가 아무 때나 작동해서 좀처럼 행동으로 옮기지 못하는 경우가 많아.

부정적으로만 생각하지 않고 지구에서의 생활을 마음껏 즐기기 위해 여러분이 꼭 알아야 할 것이 있다. 현실 세계는 하나의 무대이고, 우리의 고통은 영화를 재미있게 만들기 위한 스토리의 일부라는 것이다. 우리가 아무리 위기에 처한다고 해도 우리의 영혼은 행복으로 가는 길이 있다는 사실을 알고 있다.

이것이 시리즈 1편에서 "인생은 영화와 같다. 마음껏 즐기자!"라고 설명한 우주의 진리다.

역경은 영화를 조마조마하게 만들기 위한 무대 연출의 하나일 뿐이다. 그러니 자신의 '인생 영화'를 마음껏 즐기길 바란다.

행복해질 각오만
있으면 두려울
것이 없다

　가슴 설레는 일을 하고 싶다. 가능하면 그 일만 하고 싶다. 저마다 그렇게 생각하는 일이 있지 않을까? 최근에는 '자신이 하고 싶은 일을 하면서 성공하는' 노하우도 책이나 미디어를 통해 다양하게 소개되고 있다.

　"히로시 씨, 소원을 이루려면 자신을 소중하게 여기면서 가슴 설레는 일을 해야 하잖아요. 그렇다면 하기 싫은 일은 하지 않아도 되는 건가요?"

　이런 식으로 물어보는 독자들이 최근 부쩍 늘었다. 일단 자신의 기분을 좋은 상태로 유지하는 것을 가장 중요하게 여기는 경향이 있다.

우주님 그것이 잘못된 것은 아니지만, 그러다가 진심으로 먼저 보낸 주문이 통째로 취소가 될 수도 있어.

히로시 주문이 통째로 취소가 된다고요?

우주님 예를 들면, 아까도 말했듯이 사람들은 부정적인 면에 민감해지고 무의식적으로 피하고 싶어 하지.

"'감사합니다'를 5만 번은 반복하라고 하지만, 솔직히 귀찮고 하기 싫어서 하지 않는다."

"문득 어떤 장소에 가보고 싶다는 생각이 들지만 가기 싫어서 안 간다."

"기분이 내키지 않아서 전부 취소했다."

이렇게 모처럼 주어진 힌트를 실행하지 않은 채 평소의 부정적인 버릇을 따라 계속 주문을 취소하는 결과를 낳는 거야. 이런 식의 '그만두었다', '취소했다', '포기했다'는 행동들은 자신을 소중하게 여기는 것이 아니라, 우주로 보내는 '무책임하고 부정적인 주문'일 뿐이야.

스피리추얼은 눈에 보이지 않기 때문에 무시해도 되는 것이 아니라 자신의 우주에 발생하는 일들에 대해 책임을 지는 또 다른 행동이다.

히로시　하지만 '책임'이라는 말에 두려움이나 부담을 느끼는
　　　　사람이 많긴 하잖아요.

우주님　아, 그것도 역시 사람들의 착각 때문이야.

히로시　착각이요?

우주님　책임이라는 것은 '누구에 대해 지는가' 하는
　　　　것이 중요해. 자신 이외의 다른 '누군가'를 위해
　　　　지는 책임이라면 그 순간 '책임'이 무거워지고
　　　　고통스러워지면서 압박감을 느끼게 되는 거야.

히로시　누군가에 대해 책임을 진다면 '확실하게 해야 한다'는,
　　　　그런 압박감 말인가요?

우주님　그렇기도 하지만, 예를 들어 회사에서 실수를 했을 때
　　　　누구에 대해 책임을 져야 한다고 생각하지?

히로시　우선 회사와 상대방이겠지요.

우주님　아니야! 실수도, 성공도, 무언가를 스스로 선택해서
　　　　행동했을 때 책임의 대상은 '누군가'가 아니라 '자기
　　　　자신'이야. 책임에는 '내 인생은 스스로 책임을
　　　　진다.'는 내용이 담겨 있어야 해.

히로시　그렇다면 실패하는 것이 두려워서 행동하는 것도
　　　　두려워지지 않을까요?

우주님　그렇게 생각하지? 하지만 넌 잘못 알고 있는 거야.

사실 이건 반대야. 자신의 인생에 책임을 진다는 것은, 어떤 의미에서 보면 '무엇을 해도 자유롭다'는 것이지. 실패를 하든, 자신이 생각한 결과가 나오지 않든 '자신의 인생과 행동에는 자신이 책임을 진다. 책임감을 가지고 반드시 행복해진다!'는 거야. 그런 각오만 있으면 두려울 게 아무것도 없어. 반대로 누군가의 가치관으로 판단하려 하거나 다른 사람의 시선에 신경을 쓰고, '실패하면 어떻게 생각할까?' '상대방에 대해 책임을 져야 해.'라고 생각하면 고통스럽고 압박감을 느끼는 것이지. 애당초 타인에 대한 책임 같은 건 질 수 없는 거야.

불행해지는 버릇을 당장 버려야 한다

나는 우주님의 스파르타 교육 덕분에 지금은 스스로 행동을 실천하며 즐겁게 살고 있다. 이런 나도 불행에 몸을 맡기고 비극의 주인공, 아니 조연, 아니 단역으로 살았던 시절이 정말 길었다.

내가 '불행해지는 버릇'이라고 부르는 이 성가신 질병 역시 놀라울 정도로 복원력을 지니고 있어서 우주로 보내는 주문을 크게 방해한다. 불행해지는 버릇에 사로잡혀 있던 내가 어떻게 2억 원의 빚에서 벗어날 수 있었을까?

"나는 정말 불행한 인간이야. 흑흑흑!"

이렇게 비관하며 무대 조명 아래로 픽 쓰러지는 짓을 그만두었기 때문이다. 어떻게 그만두었냐고? 당연히 '그만두어야' 했으니까.

'나는 정말 불행한 인간이야.'라는 생각 자체를 버리고, 그 대신 행복과 긍정 쪽으로 눈을 돌렸다. 불평은 절대로 입 밖에 내지 않고, 다른 사람의 험담도 하지 않았으며, 한 달 동안 '감사합니다'만을 중얼거리면서 지냈다. 그것을 '앞으로 한 달', '또 한 달' … 이런 식으로 지속했더니 어느 틈엔가, "불행이 뭔데? 맛있는 거야?"라는 식으로 불행과는 인연이 멀어졌다.

"사방이 꽉 막혀 있는 것 같고 정말 고통스럽다."라고 한탄하는 사람에게 내가 전하고 싶은 말은 "지금부터 한 달, 불평불만이나 험담을 일절 하지 말고 '감사합니다'라는 말에 초점을 맞추고 살아보십시오."라는 것이다. 딱 한 달이다. 단 한마디의 험담이나 불평, 부정적인 말도 안 된다. 만약 그런 말을 단 한마디라도 한다면 그때부터 다시 한 달이다.

그렇게 한 달을 보내고 돌아보면 여러분에게서 '불행해지는 버릇'은 사라지고 없을 것이다.

 문제는 불행해지는 버릇이 그렇게 쉽게
떨어져나가는 게 아니라는 것이지.

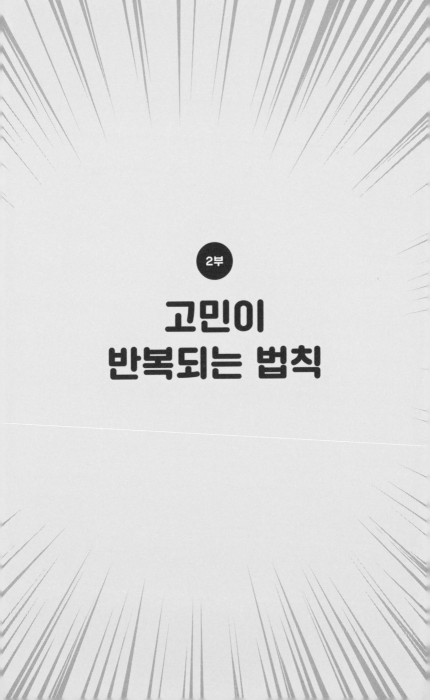

2부

고민이
반복되는 법칙

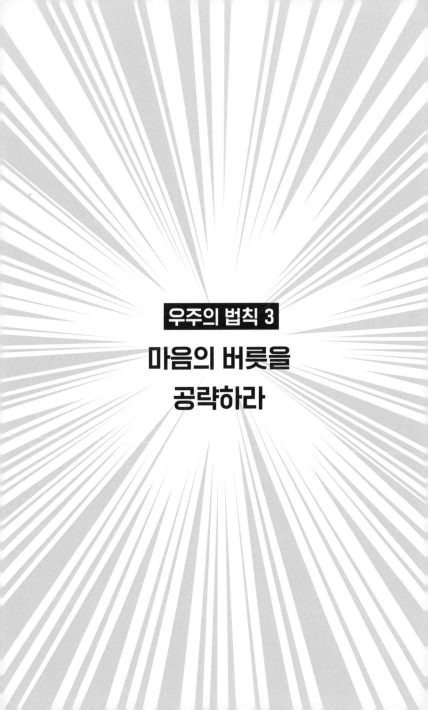

우주의 법칙 3

마음의 버릇을
공략하라

늘 고민에 사로잡힌
사람을 교육하는 방법

한번 고민하는 버릇이 든 사람들을 교육하는 것은 무척 성가신 일이다. 그들은 한 가지 고민이 해결되면 또 다음 고민을 찾는다.

'고민하는 버릇'이란 인생의 귀중한 시간을 고민하는 데만 사용하는 좋지 않은 버릇이다.

사람들은 고민하는 것으로 행동하지 않는 '핑계'를 만들어낸다. 인생의 귀중한 시간을 고민하는 데 사용하면 행동을 하지 않아도 되기 때문이다.

고민이 있기 때문에 행동을 할 수 없다고 말하는 사람들이 있을지도 모르겠지만, 사실 행동을 시작하면 대부분의 고민은 사라진다. 고민에는 실체가 없기 때문이다.

예를 들어, 고민이 한 가지 사라져 일시적으로 한가해졌을 때 습관적으로 다음 고민을 찾기 시작하는 사람이 있다면 망설이지 말고 꿀밤을 한 대 때려야 한다.

고민은 행동하지 않기 위한 변명일 뿐이다. 따라서 행동하는 인생으로 노선을 바꾸어야 한다.

남의 일에 관심이 많은
사람을 교육하는 방법

전 세계에서 발생하는 사건이나 뉴스를 즉각적으로 확인할 수 있는 요즘, 본인이 아닌 다른 누군가의 이야기에 지나친 관심을 보이는 묘한 '버릇'을 가진 사람이 많다. 다른 사람의 우주에서 발생하는 일에 지나칠 정도로 참견하거나 눈물콧물을 흘리며 호들갑을 떨고, 큰 소리로 비판하거나 화를 내기도 한다.

"내 이웃의 우주는 파란색 같아."

"내 이웃의 우주는 좀 무서워."

이런 식이다. 하지만 다른 사람의 우주에 고개를 들이밀고 마치 본인의 일인 것처럼 받아들이면 점차 무서운 일이 발생한다. "그 피해자가 불쌍해.", "저건 도저히 용서할 수 없어."라는 식으로, 본인의 문제는 제쳐두고 행동하지 않는 시스템을 잇달아 생산하기 시작하는 것이다.

특히 범죄 사건이나 가십 등의 부정적인 내용을 보고 들을수록 인간의 뇌에는 '이건 내게도 일어날 수 있어.'라는 부정적 감각이 생겨난다. 나아가 몇 번이나 거듭 보고 듣는 동안에 마치 '본인의 일'인 것같이 착각한다.

그렇게 되면 '저건 용서할 수 없어!'라는 분노가 우주로 보내는 주문이 되어 용서할 수 없는 일들이 잇달아 눈앞에 나타나는 사태에 빠진다.

자신의 우주와 가십 기사와의 거리를 확실하게 유지할 수 있다면 지나친 호기심은 생기지 않을 것이다. 따라서 자신의 문제에 관심을 가질 수 있도록 남의 일과 자신의 일을 '분리하는' 방법을 알아야 한다.

부모 탓만 하는
사람을 교육하는 방법

인간의 영혼은 본래 우주로부터 선택되어 사랑을 받고 키워진 존재다. 그리고 지구상의 부모나 형제, 가족도 모두 그렇게 우주로부터 선택된 존재들이다.

따라서 서로를 '우주가 내게 맡긴 존재'로서 소중하게 대해야 할 필요가 있는데, 그 사실을 잊고 사람들은 세상에 태어나 처음으로 만나는 '부모'에게 자신이 지구로 온 목적 자체를 위탁해버리는 경향이 있다. 원하는 것이 있으면 떼를 쓰듯 주문을 하고, 본인은 행동하기 싫으니까 부모로 하여금 행동하게 해서 그 바람을 이루려 한다.

어떤 의미에서는 이상적인 주문 달성 시스템이기도 하지만, 같은 동작을 되풀이하는 꼭두각시인형을 만들어내는 시스템이기도 하니 주의해야 한다.

아이의 자아가 싹틀 때쯤에는 이 주문 방법이 가정환경에 따라 좌우된다. 가족에게 말없이 전달되는 그 집안의 '마음의 버릇'이 연쇄반응처럼 작용해 주문을 제한하기 시작하는 것이다.

예를 들어 어머니가 어릴 적 사랑을 받고 자라지 못했을 경우, 그 자녀에게도 애정을 기울이기 어렵다. 사람은 자신이 사랑을 받은 대로만 다른 사람을 사랑할 수 있기 때문이다.

하지만 순수하게 사랑을 원하는 아이는 자신이 바라는 애정을 부모로부터 받지 못한다는 데서 "나는 사랑을 받고 있지 않아. 필요 없는 자식이야."라는 식으로 생각하고 우울해한다. 단순히 부모가 사랑을 하는 방법을 몰랐을 뿐이라고 해도 아이는 낙담한다.

낙담은 오랜 세월에 걸쳐 쌓이고, 이윽고 복수심으로 바뀐다. "이것 봐! 엄마가 사랑해주지 않았기 때문에 나는 성공할 수 없는 거야."라는 식으로 모든 것을 부모 탓으로 돌리고 "부모에게 사랑을 받지 못했기 때문에 행복해질 수 없어."라고 주장하면서 복수를 하려 한다.

이런 사람에게는 인간은 본래 스스로 주문을 내고 행동하고 소원을 실현시키는 능력을 가지고 있다는 사실을 지속적으로 알려주어야 한다.

　인간은 누구나 지구에서 태어나도록 선택받은 시점부터 이 능력을 가지고 있다.

　소원이 이루어지지 않는 이유는 주문과 행동을 포기해서 이지, 운이나 능력이 없어서가 아니다. 그 점을 명심하고 부모보다 행복해질 수 있도록 우주에 주문을 보내야 한다.

주문 실현을 방해하는 마음의 프로그램

거대한 우주 안에 우리들 각자의 '우주'가 있고, 우주와 연결된 파이프 안에는 '영혼'이라는 존재가 있으며, 사람의 행동이나 생명의 안전을 담당하기 위한 '마음'이 있다.

한 가지 성가신 것은, 마음은 우리의 몸을 위험으로부터 지키기 위한 위험 회피 능력이 매우 뛰어나다는 점이다. 정말 너무나 뛰어나다.

우리의 영혼은 생각하는 대로 마음껏 행동하는 존재다. 하지만 지구로 올 때에는 자유로운 행동이 일단 제거된 상태에서 완전히 새로운 모습으로 태어난다. 그래서 세상에 태어나면 가족들 사이에서 자신의 생명을 안전하게 유지하

기 위한 방법을 모색한다. 눈으로 보고 마음으로 느끼고 분위기를 읽으면서 이 지구에서는 무엇이 안전하고 무엇이 위험한 것인지, 무엇이 기쁘고 무엇이 슬픈 것인지 살핀다. 그것을 선택하는 필터 역할을 하는 것이 바로 마음이다.

하지만 가족들 중에 안전한 장소가 없으면 마음은 위험을 회피하려고 민감하게 반응하고, 보다 섬세하게 분위기를 읽고 안전한 방책을 강구하기 시작한다.

우주님　가장 영향을 많이 받는 대상은 자신이 태어나서 처음 만나는 가족들이야. 어머니, 아버지, 즉 지구상에서 처음으로 체험하는 첫 '사회' 안에서 사람은 '생명을 지키는 기술'을 하나둘 갖추는 거지. 그것은 본래 지구에서 생명을 지키면서 마음껏 지구를 경험하기 위해 갖추는 기술이지만, 솔직히 이게 꽤 성가시지. 왜냐하면 혼자 살아갈 수 있게 될 때까지 자신의 안전을 확보하려면 거기에 부모의 가치관이나 주변 환경에 크게 신경 써야 하기 때문이야.

히로시 아, 그러니까 본래 "우아! 재미있어!", "우아! 저거 해보고 싶어!"라고 아무런 조건 없이 마음껏 즐기면 되는데, 우선 안전해야 하니까 위험을 감지한 마음이 부정적인 쪽으로 기울어지는 것이군요.

우주님 그렇지. 어린 시절의 가정환경이 불안할수록 위험에는 민감해지는 거야.

사람들의 경우, 위험이란 '포식자를 만나 도망치는' 것이 아니라 인간 사회에서 심리적으로 안정을 느낄 수 없는 상태를 가리킨다. 따라서 사람의 마음은 살아남기 위해 안정을 추구한다. 이것이 위험을 회피하려는 마음이다.

예를 들어 어린아이는 자신의 능력으로 먹고살 수 없기

때문에 부모의 표정을 살피면서 살아가는 기술을 갖춘다. 즉, 자신이 스스로 행동을 해서 체험하기 전에 부모의 사고나 경험에 영향을 받는다.

가령 어머니가 젊은 시절에 아이돌 가수가 되기 위해 도시로 올라왔다가 성공하지 못하고 좌절했다고 하자.

"꿈을 좇아서는 살아남을 수 없어. 성실하게 사는 게 가장 좋은 거야."

나중에 이렇게 자녀에게 강요할 수 있다. 그리고 이것이 아이의 위험 회피 프로그램에 그대로 입력된다.

"그래. 꿈을 좇는 행동은 위험한 거야."

이렇게 각인되는 것이다.

또 아버지가 너무 엄격하고 무서운 존재인 경우, 일단 아버지를 화나게 하지 않는 것이 위험 회피 프로그램에 입력된다.

위험 회피 시스템은 대체적으로 열 살 정도까지 완성되는데, 이른바 본능을 조종하는 '파충류 뇌(뇌간)'에 축적되어 어지간히 큰 사건이 발생하지 않는 한 전환되지 않는다.

도마뱀은 한 번 위험한 상황을 겪은 길은 절대로 가지 않는다고 한다. 그래서 뇌에서 위험 회피를 담당하는 부분을 '파충류 뇌'라고 부른다.

이 자체로는 어린아이의 입장에서 볼 때 몸을 지키기 위해 필요한 위험 회피 프로그램이지만, 성가신 점은 성인이 되어 자신의 능력으로 어디든 갈 수 있게 된 이후에도 같은 프로그램이 계속 작동한다는 것이다.

따라서 만약 여러분이 아무리 소원을 주문하고 인생을 바꾸고 싶다고 생각해도 즉시 원래의 부정적인 자신으로 돌아와버린다면 그것은 어린 시절 살기 위해 마음에 각인시킨 위험 회피 프로그램 때문인지도 모른다.

감사의 말이 잠재의식을 전환시킨다

위험 회피 프로그램은 생명과 관련된 중요한 정보이고 경험이지만, 그와 동시에 간단히 전환할 수 없는 성가신 성향을 가지고 있다.

"응? 위험하다고 생각했지만 안전하네. 그래, 역시 이쪽 방향으로 가는 게 좋겠어."

생각은 이렇게 해도 좀처럼 몸이 움직여지지 않거나 위험하다는 감각이 사라지지 않아 마음대로 움직일 수 없는 것은 그 때문이다.

우주님　그렇지. 이 파충류 뇌를 공략하지 않는 한, 아무리

"그래! 이것으로 소원이 이루어졌어!"라고 외쳐도 겁을 집어먹은 상태라 행동으로 옮겨지지 않지. 결국 소원은 이루어지지 않아. 그래서 "뭐야! 소원이 이루어지지 않았잖아! 히로시, 이 거짓말쟁이!"라고 화를 내는 거야.

히로시　그런 사람은 없었어요. 그렇지만 간단히 전환할 수 없다면 어떻게 해야 좋을까, 어떻게 하면 좀 더 자유롭게 소원을 주문하고 행동할 수 있을까 하는 것이 키워드가 되겠네요.

우주님　그렇게 하려면 몇 가지 방법이 있기는 해! 히로시, 네가 이미 실천한 심리요법도 그중 하나지.

　스스로는 간단히 전환하기 어렵지만 전문 지식과 기술을 갖춘 전문 치료사의 힘을 빌리면 어린 시절 각인된 '위험'을 '안전'으로 전환시킬 수 있다.

　단, 전문가의 힘을 빌리지 않고 스스로 조금씩 변화시키는 방법도 있다.

지금 눈앞에 있는 것, 지금 하고 있는 것에 초점을 맞추고, 모든 것에 감사의 말을 전한다.

내 경험에 의하면 기준이 낮을수록 좋다. 당연하다고 생각하는 것, 당연한 것처럼 실행하고 있는 모든 것에 '감사합니다'라고 입 밖으로 소리 내어 표현해본다.

"아, 수도꼭지만 돌리면 물이 콸콸 나오다니! 정말 감사합니다."

"오늘도 파란 하늘 아래에서 편안한 하루를 보낼 수 있어서 감사합니다."

"오늘도 지붕이 있는 집에서 편하게 잠을 잘 수 있어서 감사합니다."

"이렇게 추운 날에 꺼내 입을 수 있는 따뜻한 점퍼가 있어 감사합니다."

이런 식으로 '위험'에 초점이 맞추어지는 것을 의식적으로 막고 현재 하고 있는 것, 이미 실행하고 있는 것에 초점을 맞추어본다.

이것은 과거의 자신이 아니라 현재의 자신을 바라보는 연습도 된다. 현재 자신의 안전과 행복은 과거의 자신이 아니라 현재의 자신이 만들고 있으며, 앞으로도 충분히 만들어낼 수 있다는 사실을 마음에 새롭게 각인시키는 작업이기도 하다.

하나하나 조금씩… 그러나 효과는 절대적이다!

'감사합니다'라는 말버릇이 성공과 연결되는 이유는 마음에 각인된 불안이나 위험을 '안전'으로 바꾸기 때문이다. 위험에 초점을 맞추는 시간을 없애는 효과도 있다.

고민 리모컨의
정지 버튼을
누른다

사람은 고민이 끊이지 않는 동물이다. 본래 부정적인 쪽으로 끌리기 쉽기 때문이다.

앞에서 이 구조에 관해 설명했지만 나는 사실 빚을 변제하는 과정에서 '고민을 정지시키는 기술'이 있다는 것을 깨닫고 실행에 옮겼다. 바로 고민이 있을 때일수록 더 행동한다는 것이다.

행동으로 고민을 털어내 버린다.

히로시	사람이 행동하지 않을 때는 고민하고 있을 때지요.
우주님	왜 그럴까? 이유는 뻔해. 고민을 핑계 삼으면 행동하지 않아도 되니까!
히로시	맞아요. 나도 사실 고민이 있을 때마다 스스로를 계속 격려하면서 행동으로 옮기다 보니 어느 틈엔가 고민하고 있을 틈이 없긴 했어요. 그래서 빚도 다 갚을 수 있었고요.
우주님	그러니까 감사해야지. 행동하지 않는 한 소원은 이루어지지 않아. 하지만 그걸 알면서도 행동을 하지 않는다는 게 문제야. 행동하지 않으니까 소원은 이루어지지 않고 또 고민에 빠지는 것이고, 고민을 하니까 또 행동하지 않아. 이게 계속 반복되는 거야. 결국 주문도 내지 않고 행동도 하지 않잖아! 당연히 기적은 일어날 수 없지. 이런 현상은 부정적인 주문을 내는 결과를 낳고 그 주문대로 계속 고민만 하게 되는 거야.
히로시	우주님의 말씀을 들으니 왠지 찔리는 부분이 있네요. 예전의 내가 생각이 나요.

'바뀌지 않으면 안 돼.'라고 생각하는 것 자체도 일종의

고민일 수 있다. 원하는 것을 이루지 못했더라도 지금 행복하다면 그것은 충분히 삶을 즐기고 있는 것이라고 나는 생각한다.

"아니, 히로시 씨, 바뀌고 싶으니까 고민하는 것이지요."

이런 사람이 있다면 한 번쯤 생각해보기 바란다. 고민이 사라진다면 어떻게 될까? 지금 고민하는 문제들이 순식간에 사라진다면 어떻게 될까?

나 자신도 체험한 적이 있듯이, 빚에 시달려 아침에 일어난 순간부터 "오늘은 어느 은행 이자를 넣어야 하지? ○○ 은행인가?" 하고 걱정할 때는 고민이 끊이지 않아 머리가 늘 아팠다. 아, 일은 물론 한가했다. 아무 행동도 하지 않았으니까.

그런데 빚을 다 갚고 사업도 잘 풀리고, 고객들 앞에서 우주님 이야기를 마음껏 하게 되면서 스트레스가 완전히 사라지자 어떻게 되었을까?

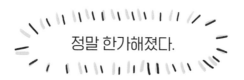

정말 한가해졌다.

빚이 있던 시절보다 훨씬 바쁠 것 같지만 반대로 정말 한가해졌다. 인간의 '한가함'에는 두 종류가 있다는 사실을 깨닫게 된 순간이었다. 하나는 육체적인 한가함이고, 또 하나는 마음의 한가함이다.

내가 지금 마음껏 맛보고 있는 것은 마음의 한가함이다. 마음이 한가해지면 사람은 어떻게 될까? 그 대답은 다시 두 가지로 나뉜다.

❶ 한가함을 이용해 좋아하는 일을 마음껏 한다.
❷ 한가하니까 새로운 고민을 찾는다.

히로시   "자, 당신은 어느 쪽입니까?" 이렇게 물어보면
            대부분의 사람들이 생각에 잠겨요.

우주님   그야 당연하지! 행동하지 않아서 한가하니까 고민을
            하는 것이라고 말할 수도 있지만, 한가해지는 것이
            두려우니까 고민을 하는 것이라고 말할 수도 있지.
            고민을 해소하면 이번에는 다음의 고민을 찾고 행동은
            하지 않아. 이거야말로 주객전도된 것 아냐? 이 책을
            읽는 사람들은 지금 당장 스스로에게 물어봐야 해.
            "지금 끌어안고 있는 고민이 전부 해소된다면, 나는

하고 싶은 일을 마음껏 즐길 수 있을까?"라고 말이야.

대답이 'YES'라면 마음의 한가함을 활용해서 하고 싶은 일을 마음껏 하는 자신을 머릿속에 떠올리고, 설사 다른 고민이 있더라도 즉시 행동으로 옮겨야 한다. 대답이 'NO'라면 당장 고민의 고리를 끊어버려야 한다. 예를 들면 이런 이미지를 그려보는 것이다.

당신에게는 '고민 리모컨'이 있다. 재생과 정지 버튼이 있는 텔레비전 리모컨이다. 당신 집의 텔레비전은 당신이 촬영해둔 당신의 '고민'을 제멋대로 재생시키는 고장 난 텔레비전이다.

재생이 시작되면 머릿속으로 즉시 정지 버튼을 눌러야 한다. 사람은 행동할 때는 고민을 할 수 없도록 만들어져 있다. 따라서 끊임없이 행동하여 고민할 틈을 없애야 하며, 만약 고민을 하는 영상이 머릿속에 재생되기 시작하면 즉시 정지 버튼을 눌러야 한다. 익숙해질 때까지 이것을 반복해본다.

마찬가지로 한가하다고 느낄 때에는 즉시 '감사합니다', '사랑합니다'를 중얼거리는 것도 효과가 크다. 생각을 하는 틈에 긍정적인 말버릇을 집어넣는 습관은 무의식적으로 새로운 고민을 찾으려 하는 흐름을 막아준다.

인간은 행동하면서 고민할 수는 없는 것과 마찬가지로 '감사합니다', '사랑합니다' 같은 긍정적인 말을 중얼거릴 때도 고민을 할 수 없다.

왠지 행복하지 않다는 느낌은 마음의 버릇이다

어떤 독자가 이런 질문을 해왔다.

"바라면 바랄수록 불안한 이유는 뭘까요? 지금의 행복도 언젠가 사라지는 것이 아닌가 하는 느낌이 들어요."

충분히 이해하지만 이 불안도 심리적으로는 위험을 회피하기 위한 마음의 반응이다. 지극히 정상적인 반응이며 중요한 반응이기도 하다.

이런 마음의 반응은 대부분 어린 시절 부모의 모습을 보고 자라면서 마음속으로 결심한 것이 원인으로 작용하는 경우가 많다.

예를 들어 어머니가 많은 고생을 했거나, 행복했다가 어떤 사건으로 인해 고통받는 것을 본 경우는 어머니에 대한 존경과 사랑 때문에 이런 개념을 마음속에 새기게 된다.

"행복은 오래가는 게 아냐. 언제까지나 행복이 이어진다고 생각하면 상처를 입으니까 행복을 얻으려고 행동하지는 말자."

이런 사람은 이후 성인이 되어서도 이 개념에서 벗어나지 못하고 '행복해지고 싶지만 행동으로 옮길 수는 없다.'라고 생각한다. 어머니를 정말 사랑하기 때문이다. 행복해 보이지 않는 어머니를 보면서 "엄마는 불쌍해. 내가 엄마보다 행복해질 수는 없어."라고 어린 마음이 판단하고 결심을 굳히는 것이다.

이것을 심리학에서는 "부모에게 충성을 맹세한다."라고 표현한다. 부모를 사랑한 결과 무의식중에 자신도 행복해지지 않는 선택을 해버리는 것이다. 그래서 '행복해지려고 노력하면 왠지 모르게 강한 불안감이 느껴지는' 사람이라면, 어린 시절 행복해 보이지 않았던 부모에게 계속 충성을 맹세하고 있을 가능성이 높다.

우주님　뭐, 지구에서 태어나 아무것도 모르는 갓난아이는 부모에 의해 삶과 죽음이 좌우되니까 당연하다고 생각할 수 있어. 하지만 그렇게 필사적으로 사랑을 원하거나 확인하지 않아도 사람은 본래 우주로부터 모든 것을 인정받고 사랑받는 존재야.

고민도 그래. 우주의 구조를 보면 문제가 발생한 시점에서 해결 방법도 동시에 있다는 거야. '이 문제는 해결 방법이 없는 것이 아닐까?'라고 생각하니까 고민에서 헤어 나오지 못하고, 그것을 핑계로 행동을 하지 않는 거야.

앞에서도 말했지만 우주에는 해결 방법이 이미 갖추어져 있다는 걸 명심해.

히로시 그래서 사람들이 애서서 해결 방법을 찾으려 하지 않는 것이군요.

우주님 그렇지. 해결 방법을 발견해서 한가해지면 행복을 향해 나아가야 하니까. 그렇게 되면 행복해지면 안 된다는, 어린 시절에 각인된 마음이 또 방해물이 되어 괴롭히거든.

이런 딜레마에 빠진 우리는 자신의 능력으로는 고민에서 벗어나지 못한다. 이런 경우에 내가 권하고 싶은 것은 심리요법이다. 이름하여 '우주 파이프 세척법'이다. 나는 가끔 강연회에서도 이 방법을 실시하고 있는데, 이것만으로도 사람들의 표정이 밝아지고 눈이 빛나는 경우가 많다. 또 마음을 '세척'하는 과정을 통해서 우주로 보내는 주문의 힘도 훨씬 강해진다.

우주님 어쨌든 사람들도 대단해. 이 어쩔 수 없는 현상을 타파하려고 나름대로 마음을 연구해서 '우주 파이프 세척법' 같은 심리요법을 발견해냈으니까. 아무리 주문을 내도 어쩔 수 없이 마음이 피폐해져버리는 사람에게는 효과가 꽤 좋지.

히로시 저도 심리학을 공부한 이후 우주로 보내는 주문의 힘이 향상된 느낌이 들어요. 현대인들이 우주 파이프를 깨끗하게 세척하려면 이런 심리요법이 필요하죠.

내가 강좌에서 실시하는 우주 파이프 세척법은 다음과 같다.

우선, 의자에 앉아 눈을 감는다. 천천히 심호흡을 하면서 현재의 상황과 자신에게 의식을 집중한다. 그리고 조금씩

어린 시절의 감각으로 돌아가본다.

세 살? 다섯 살? 왠지 모르게 머릿속에 딱 떠오르는 나이가 있을 것이다. 그리고 눈을 감은 채 어린 당신의 눈앞에 부모님이 서 있는 이미지를 떠올리고 부모님에게 마음속으로 이렇게 말한다.

"아버지, 어머니, 저는 두 분보다 행복해져도 되나요?"

"제가 두 분보다 더 쉽게 돈을 벌어도 되나요?"

"제가 두 분보다 더 쉽게 사랑을 받아도 되나요?"

이미지 속의 부모님이 어떤 표정을 짓고 있는지, 당신의 마음은 어떻게 움직이는지 느껴본다. 어떤 표정을 짓든, 어느 쪽으로 마음이 움직였든 좋고 나쁜 것은 없다. 그저 느끼고 받아들이면 된다.

그리고 이렇게 말을 전해본다.

"아버지, 어머니는 제게 가장 좋은 부모님이었습니다. 저는 자식으로서 두 분의 인생을 존중합니다!"

사람에 따라서는 괴로운 환경에서 살아온 부모에 대해 연민을 가진 경우도 많다. 하지만 그것은 '마음'의 시선일 뿐이다. '영혼'의 시선으로 보면 부모는 스스로 그 환경을 선택하고 이겨내서 살아남은 존경스러운 인생이다.

사실 부모의 인생을 존중하는 것과 자신의 인생을 소중히 여기는 것은 한 세트를 이룰 수밖에 없다. '부모에게 충성을 맹세하는' 심리 구조가 있기 때문에 '마음'이 부모님은 행복하게 살지 못했는데 자신만 행복해질 수는 없다고 판단하는 것이다.

그래서 나는 이 말로 심리요법을 마무리한다.

"저는 (두 분의 자식인) 저의 인생을 존중합니다."

이것을 말했을 때 당신의 마음은 어떻게 움직일까? 그것을 느껴보자.

이 심리요법은 어린 시절의 부모에 대한 충성심으로부터 빠져나와 부모의 인생을 존중하고 자신의 인생을 걸어가겠다는, 본인의 마음에 대한 선언이기도 하다.

부모가 얼마나 힘든 인생을 살아왔든 그 힘든 짐을 짊어지고 살아온 부모를 '불쌍하다'고 생각하는 것은 '마음'의 시선이다.

'영혼'의 시선으로 부모의 인생을 보면 '도전 정신이 정말 강한 분'이라는 느낌을 받을 것이고, 부모의 인생을 더욱 존중할 수 있을 것이다. 그로 인해 자신의 마음도 훨씬 가벼워질 것이다.

우주님　　자녀의 입장에서 볼 때 부모님이 불행하고 힘들어 보였다고 해도 부모님은 그 체험을 하기 위해 지구로 온 거야. 그리고 과감하게 그런 자신의 인생 스토리를 경험하고, 도전하고, 감당해온 것이지. 그 결과 지구에서 많은 공부를 하고 우주로 돌아가는 거야. 그건 '불쌍하다'고 동정할 일도, '바꿔야겠다'고 간섭할 일도 아니라고. 그저 존경하는 마음으로 두 분을 지켜보면 되는 거야.

히로시　　자신도 불행해야 한다는 생각으로 부모님에 대한

충성심이나 사랑을 맹세할 필요는 전혀 없다는
뜻이지요?

우주님   그렇지. 부모님을 정말 사랑한다면 오히려 본인의
인생을 살아야 해. 그리고 부모님이 아무리 힘들게
살았다고 해도 '부모님은 부모님, 나는 나'라고
생각해야지. 그러고 나서 "나는 행복해질 거야."라고
결단해야 하는 거야. 그래야 현실이 바뀌니까.

세상일에 지나친 관심을 보일 때 발생하는 것

인터넷에 접속하거나 텔레비전을 켜면 그 순간 가슴 아픈 뉴스나 불쾌한 사건들을 쉽게 볼 수 있다. 이것들도 주문을 실현시키는 데 많은 영향을 끼친다. 그래서 나는 신문이나 텔레비전은 거의 보지 않는다. 어디까지나 나는 그렇다는 말이다.

우주님 뭐, 너는 이미 자신의 우주를 즐기느라 바쁘니까.

하지만 정보에 의존하는 사람들은 정말 많아.

정치인이나 연예인의 스캔들, 사기 사건, 기타 등등.

다른 사람의 우주 이야기에 깊은 관심을 보이는

동안에 자기 수명이 소진될 텐데… 역시 한가해서
그러는 걸까?

히로시 꼭 그렇다기보다는… 스마트폰을 가지고 다니다 보면
저절로 눈에 들어오니까요.

우리는 신문이나 텔레비전 뉴스의 비참한 사건을 보고
동조하며 '그런 비참한 현실이 발생한다'는 사실을 자신의
머릿속에 입력하고 '내 인생에도 발생할 수 있는 사건'이라
고 인식한다. 그런데 어떤 뉴스에 분노하여 비판을 하면 할
수록 세상을 심판하게 되고 자신도 언젠가 비판을 받는 것
은 아닐까 하는 의식이 머릿속에 자리 잡는다.

'아, 사람은 실패를 하면 이런 식으로 비판을 받고 부정
을 당하는구나.'라는 생각이 학습되면 '실패를 해서는 안 된
다.', '실패는 무서운 것이다.'라고 생각하기 시작한다. 나아
가 세상의 비참한 사건을 접함으로써 "사치스러운 말을 하
면 안 돼. 세상에는 힘들고 비참한 사람들이 많이 있으니
까."라고 스스로를 제한하거나 행복해지려는 마음에 죄책
감을 느낀다.

그렇다. 모든 면에서 자신을 부정적인 에너지로 가득 채
우게 된다.

우주님　이건 사기를 떨어뜨리는 '드림 킬러' 같은 거야. 우선
　　　　진심으로 인생을 바꾸고 싶다면, 초점은 무엇보다
　　　　자신이 되어야겠지? '다른 사람의 사건'에 관심을 가질
　　　　필요는 전혀 없다고.

　테레사 수녀는 "전쟁 반대 운동에는 참가하지 않겠습니다. 하지만 평화 운동에는 기꺼이 참가하겠습니다."라고 말했다. 나는 그 말을 처음 들었을 때 정말 명언이라는 생각에 나도 모르게 "브라보!"를 외쳤다. 전쟁이 있고 그에 대한 반대 운동을 한다는 것은 결국 많은 사람들의 우주에 '전쟁'이라는 존재를 각인시키는 행위다.

　이것은 자기의 우주에 무엇을 존재하게 하는가와 연결되는 중요한 관점이다. 우리는 자기의 우주에 책임을 지고 패배 에너지와 접촉하지 않도록 해야 한다. 보는 것, 듣는 것, 느끼는 것 등 자신이 일상적으로 받아들이는 에너지에 대해 스스로 책임을 지고 분별할 줄 알아야 한다.

　물론 난처한 상황에 놓인 사람을 도와주거나 봉사 활동을 하는 것이 부정적인 행위라는 말은 아니다. 신문 등을 통하여 세계정세나 국내 상황에 관하여 알아두는 것도 중요하다. 그러니까 어느 쪽이 정답이라고 단정할 수는 없다.

다만 중요한 것은 텔레비전이나 인터넷이 없으면 접촉하지 않았을 부정적인 정보까지 애써서 접촉해 마치 자신이 그 상태에 놓여 있는 것처럼 정보가 가지고 있는 에너지에 농락당해서는 안 된다는 점이다.

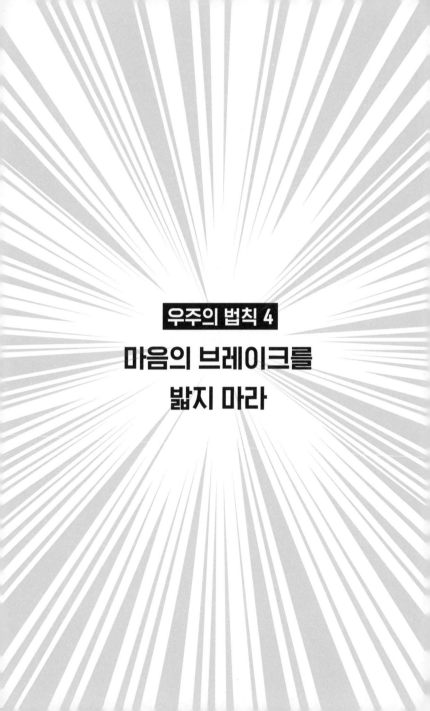

우주의 법칙 4

마음의 브레이크를
밟지 마라

청신호에도 브레이크를 밟는
사람을 교육하는 방법

사람의 마음은 매우 복잡한 구조를 가지고 있다. 자신도 모르게 간단히 거짓말을 하고, 자신의 사고 따위는 간단히 속여버린다.

이것은 마음이 자신의 생명을 지키려는 역할을 하기 때문이다. 자신이 '좋아. 그럼 호랑이와 한번 싸워보자.'라고 생각해도 그렇게 할 수 없도록 마음이 저지한다. 살아오면서 학습해온 '위험해.', '무서워.'라는 안전 프로그램이 전부 브레이크 작용을 하여 청신호가 켜져 있어도 계속 브레이크를 밟아댄다. 이럴 때 마음은 정말 성가신 존재다.

움직이고 싶은데 움직일 수 없다면 그 이유는 모두 자기자신에게 있다는 것을 알고, 자신과 대화하는 시간을 갖도록 노력해야 한다.

우리 신체는 어떤 상황에 위험을 느끼는 것일까? 무엇이 마음의 브레이크로 작용하는 것일까? 머릿속으로는 '하고 싶어.'라고 생각하는데 마음이 '절대로 안 돼.'라고 가로막는 현상에 주목해야 한다. 자신의 신체, 자신이 평소에 지니고 있는 물건들에 질문을 해서 들려오는 '목소리'를 받아들이는 일을 반복하면 자신의 내면세계가 무엇을 전하려 하는지 더 세밀하게 이해할 수 있다.

지나치게 조심성이 많은
사람을 교육하는 방법

인간은 필요 이상으로 다른 사람의 시선에 신경을 쓰는 동물이다. 살고 있는 곳은 '자기의 우주'인데, 지나칠 정도로 다른 사람의 시선에 신경을 쓰는 게 문제다.

그런 식으로 신경이 분산되면 자기의 우주를 컨트롤하는 능력을 잃어버린다. 따라서 '다른 사람들이 어떻게 볼까?'가 아니라 '나는 어떻게 하고 싶은가?'를 생각해야 한다. '어떻게 보이고 싶은가?', '나에 대해 어떻게 생각하게 하고 싶은가?' 하는 것은 어디까지나 타인의 관점이기 때문이다.

물론 그러한 것도 지금까지 살아오는 과정에서 탄생한 '성공의 정의'라고 할 수 있지만, 애당초 자기의 우주에서 자신 이외의 '성공의 정의' 따위는 아무 도움도 되지 않는다는 사실을 분명하게 알아야 한다.

어떤 것을 바랄 때도 '그렇게 보이고 싶은 것인가? 아니면 그렇게 되고 싶은 것인가?'를 항상 확인해야 한다. 예를 들어 '부자로 보이고 싶다'는 것과 '부자로 살고 싶다'는 것은 의미가 전혀 다르다.

변명만 하는
사람을 교육하는 방법

마음과 몸을 가지고 지구로 찾아온 사람은 애정이 부족한 상태로 성장하면 우주에 주문을 보낼 수 있는 기력을 잃어버린다. 사랑은 사람에게 연료이자 동력이 되기 때문이다.

'사랑을 받지 못했기 때문에 나는 불행한 거야.'라는 식으로 생각하면 자신을 사랑해주지 않았던 부모에게 복수를 하듯 자신도 불행한 삶을 선택하게 된다. 표면적으로는 '이제 나이도 있는데…', '돈이 없어서…', '아이들이 있기 때문에…'라고 변명하지만 가장 큰 원인은 마음의 위축이다.

하지만 '사랑받지 못한 나는 아무도 사랑할 수 없고 사랑을 받을 수도 없어서 불행할 수밖에 없어.'라는 생각은 '마음'의 관점일 뿐이다. '영혼'의 관점에서 보면 부모로부터 사랑

을 받지 못했다고 느끼는 사람도 우주로부터는 충분히 사랑
을 받았고 선택을 받은 유일무이한 존재다.

마음은 '사랑받지 못했다'고 느껴 브레이크를 걸지만 영혼
은 '사랑받고 있다'고 느끼기 때문에 행동하려 한다. '움직이
고 싶지 않다', '움직이고 싶다'가 서로 싸움을 일으키면 결국
지쳐버리기 때문에 눈앞의 문제를 마음의 문제인지, 영혼의
문제인지 확실하게 구분해서 생각해야 한다.

시간은 미래에서 현재로 흐른다.

과거에 사랑을 받지 못했든지, 뜻대로 살지 못했든지 간에
오직 미래로부터 오는 힌트를 받아들일 수 있어야 한다.

사람의 마음은 거짓말을 한다

"행복해지도록 뭔가를 하고 싶은데 도저히 행동으로 옮길 수 없어요."

"좋아하는 일을 하고 싶은데 왠지 최선을 다할 수 없어요."

이럴 때에는 그 주문이 과연 진짜 주문인지를 의심해보아야 한다.

우주님　사람의 마음은 간단히 거짓말을 할 수 있으니까 그렇지. 게다가 마음은 어떻게든 게으름을 피우고 싶어 하잖아. 정말 유감이야!

히로시　(예전에 내가 그랬지.)

우주님의 말처럼 사람의 마음은 거짓말을 하지 않는다고 말하는 사람들이 있지만 사실은 너무나 간단히 거짓말을 한다. 그 근거로 '마음의 구조'를 들 수 있다.

마음은 우리가 생각하는 것 이상으로 게으름뱅이다. 사실 마음은 뇌로부터 오는 신호다. 뇌는 사람에게 행동을 하도록 지령을 내려 살아가게 하는 신체 기관이다. 잠을 자는 동안에도 끊임없이 활동을 하지만 쉴 때는 즉시 엔진이 꺼져버린다. 거리를 달리는 버스와 비슷하다.

목적지를 명확히 정하지 않으면
마음은 쉽게 엔진이 꺼져버린다.

뇌로부터 신호를 받아 작동하는 우리의 마음도 가능하면 쉬고 싶어서 거짓말을 하거나 변명을 한다. 이것은 어떤 의미에서 보면 지극히 자연스러운 현상이다. 우주님은 무한대의 체력을 갖추고 있지만 지구에 사는 우리 인간은 생명체이기 때문에 휴식이 필요하다.

그런데 정말 하고 싶은 일에 관해서도 뇌가 몸에 브레이크를 거는 경우가 있다. 그 이유는 사람마다 다르겠지만 대부분 무의식적으로 위험을 회피하려 하기 때문이다.

이것을 알아보는 방법이 있다.

우선 '몸'에게 '몸이 무거워서 행동할 수 없는 것일까?'라고 물어본다. 행동할 수 없는 몸은 반드시 대답을 알고 있다. 우주로부터의 힌트를 얻어 행동을 하고 싶은데 몸이 움직여지지 않는다면 거기에 또 다른 힌트가 있다는 뜻이다. 그래서 움직이지 않는 몸에게 질문을 해보는 것이다. 몸에 입이 있고 말을 할 수 있다면 뭐라고 대답할까?

"주문을 내고 힌트도 얻었어. 하지만 행동을 할 수 없어. 왜 움직일 수 없는 거니?"

이렇게 물어본 뒤에 서두르지 말고 편안하게 몸의 목소리에 귀를 기울인다. 그러면 몸이 "그건 ○○이기 때문이야."라고 구체적으로 대답을 해줄 것이다. 당신의 내부에 그런 직감이나 감각이 탄생한다면 그것이 바로 몸의 '목소리'다.

"행동하지 못하는 것을 내 탓으로 돌리지 말아줘. 행동하지 못하는 것은 내(몸)가 아니라 마음 때문이라고."

어쩌면 이렇게 말해줄지도 모른다. 만약 그렇다면 스스로의 본심을 확인해본다. 몸이 무거워서 행동하지 못하는 스스로에게 이렇게 말해본다.

"나는 무섭다."

"나는 화가 난다."

"나는 슬프다."

어느 것 하나에 몸이, 또는 마음이 반응하거나 동요하거나 딱 들어맞는 듯한 기분이 든다면 "왜 그렇게 생각하는가 하면…" 하고 그 이유를 찾아본다. 예를 들어 "나는 무섭다."라는 말에 반응이 있는 경우, "왜 무서운가 하면…" 하고 그 이유를 머릿속에 떠오르는 대로 말로 표현해본다. 너무 깊이 생각하지 말고 머릿속에 떠오르는 말을 그대로 입 밖으로 표현하면 된다.

"나는 무섭다. 행복해지면 죄책감을 느낄 것 같아서."

"나는 무섭다. 실패할 것 같아서."

이런 식으로 하다 보면 움직이지 못하는 진짜 이유가 떠오를지도 모른다.

그 이유를 깨달았으면 자기 자신에게 이렇게 말한다.

"그래. 네 말을 들을게. 어떻게 하면 무섭게 느끼지 않을 것 같니?"

"내가 책임을 지고 목표까지 이끌어줄게."

이후 모든 감정을 보류해놓고 죽기 아니면 살기라는 생각으로 한 걸음 앞으로 내디뎌본다. 자전거도 처음 페달을 밟는 것이 가장 힘들다. 일단 바퀴가 구르기 시작하면 그다음부터는 거의 힘이 들지 않는다. 처음 시도는 당연히 힘이

든다. 따라서 움직이지 못하는 자신을 너무 원망할 필요는
없다.

나도 처음에는 정말 많이 망설였다. 지금은 당시의 상황
을 아무렇지 않게 말할 수 있지만 2억 원의 빚을 지고 있는
상태에서 "그래, 까짓 것 갚으면 되는 거야."라는 식으로 가
볍게 생각하고 즉시 행동에 옮기는 것은 정말 쉽지 않은 일
이었다.

처음부터 그렇게 쉽게 행동에 나설 수 있는 사람은 흔치
않으니까 자신을 원망할 필요는 전혀 없다. 그보다는 자신
의 진심을 이해하고 포용하는 것부터 시작해야 한다. 자신
과 대화를 나눌 수 있다면 '도저히 움직일 수 없는' 상태가
조금씩 호전될 것이다.

어떤 사람이 되고 싶을지만 생각하라

"당신은 왜 지구에 온 것입니까?"

만약 당신에게 이렇게 묻는다면 뭐라고 대답할까?

"네? 그런 건 생각해본 적 없는데요."라고 대답할까?

"그야, 부모님이 나를 낳아서….'라고 대답할까?

우주님   나는 히로시를 야단치려고 왔지!

히로시   우주님, 못 들은 걸로 하겠습니다! 그건 제쳐두고,
          사실 우리가 지구로 온 데는 이유가 반드시 있지요.

우주님   물론이지. 하지만 지구에서는 완전히 새로운 상태에서
          체험해야 하기 때문에 그것을 깨끗하게 잊고 있지.

"새롭게 체험하기 위해 그것을 잊어버렸다니! 그럼 지구로 온 이유를 알 수 없잖아요."

이렇게 물을 수도 있다. 확실히 그렇다. 하지만 내가 제안하고 싶은 것은 한 번쯤 그 부분을 진지하게 생각해보라는 것이다. 우주님은 늘 으스대는 표정으로 지구는 행동하는 별이라고 가르쳐주었는데, 이 행동은 바로 자신을 위해서 하는 것이다. 당신의 인생을 더 빛내기 위한 행동이라면 실패도 실패가 아니다. 우주의 관점으로 보면 '더 나아지기 위한 재료'인 셈이다.

단, 이 행동이 다른 사람의 시선이나 기대에 부응하기 위한 것이라면 실패를 할 경우에는 커다란 절망에 빠지고, 성공을 한다고 해도 어딘가 허무함을 느끼지 않을 수 없다. 그렇게 된다면 운 좋게 지구라는 아름다운 세상에 와서 재미있는 놀이기구는 모두 다른 사람만 태워주는 결과를 낳는다. 정말 아깝지 않을까?

자신에게 중심축을 두고 살려면 어떻게 해야 할까? '나는 사람들에게 어떻게 보일까?'가 아니라 '나는 어떤 사람이 되고 싶은 것일까?'만을 목표로 삼아야 한다.

우주님　사람들은 다른 사람의 시선에는 세밀하게 신경을 쓰면서 정작 자신의 시선이나 마음은 완전히 무시하지. 자신이 주연인 우주에 존재하면서 조연 역할만 하고 있는 거야. 도대체 뭘 하겠다는 건지!

지금 자신의 주축을 이루고 있는 가치관이 '이렇게 보이고 싶다'는 것인지 '이런 사람이 되고 싶다'는 것인지는 큰 차이가 있다.

우주님   대체적으로 '이렇게 보이고 싶다'는 것은 소원을 이루기 위한 마음가짐이 아니라고 했지? '이루어진 것처럼 보이고 싶다'는 겉만 번드르르한 주문으로 소원을 이룰 수 있다는 생각은 버려야지! '나는 이런 사람이 되겠다'는 확실한 각오가 없으면 기적은 절대로 일어나지 않아!

히로시   맞아요. "상냥한 사람으로 보이고 싶다."가 아니라 "상냥한 사람이 되겠다."라고 선언해야 하고 "성공한 모습을 보이고 싶다."가 아니라 "성공하겠다."라고 선언해야 하고, "아름다운 사람으로 보이고 싶다."가 아니라 "아름다운 사람이 되겠다."라고 선언해야 하는 것이지요.

주문이란 '바람직한 자세'를 선언하는 것과 같다. 자신의 두 발로 땅을 디디고 서 있는 감각으로 우주에 발신하는 주문에는 강력한 힘이 있다. 이것은 내 경험에 따르면 반드시 실현이 된다!

우주님 물론 바람직한 자세를 정하면 반드시 '드림 킬러'가 나타나지. 그렇다고 기죽으면 절대로 안 돼!

히로시 네! 드림 킬러는 '기회가 찾아왔다'는 신호이기도 하니까요!

사실 당신은 이미 사랑을 받고 있다

　스스로 자신의 마음가짐을 바꾸었다고 생각하지만 현실이 바뀌지 않는다? 그런 상황이 계속 이어질 때에는 '사랑'에 관해서 생각해보아야 한다. 우리가 우주로부터 지구로 찾아왔을 때 가족이 되어 맞이해준 사람들, 즉 아버지와 어머니가 준 사랑을 충분히 수용하지 못했을 가능성이 있기 때문이다.

　원래 우주에 존재하는 것은 사랑의 에너지다. 그런데 애정을 충분히 받지 못해 고통을 당하거나 지구로 와서 받은 커다란 마음의 상처(트라우마) 때문에 '이제 아무것도 믿지 않을 거야.'라고 마음을 먹는 경우가 있다.

그럴 경우 자기 자신도 믿지 못하게 된다. 그 결과 자신의 주문 자체를 믿을 수 없다. 진심으로 신뢰하지 않는 주문은 이루어지지 않기 때문에 결국 원하는 인생을 손에 넣지 못한다.

우주님 그건 히로시가 공부하고 있는 심리학의 관점을 빌린다면, '자신이 행복해지지 않는 방식으로 부모에게 복수를 한다'는 것과 비슷한 거야.

자신이 행복해지면, 자신에게 사랑을 주지 못한(물론 본인 생각이지만) 부모의 육아 방식이 옳았다고 인정해야 하니까. 그게 억울하기 때문에 '행복해지지 않을 거야.'라고 마음먹고 그 불행한 모습을 보이는 방식으로 부모에게 평생 죄책감을 가지게 하려는 것이지. 무의식적인 복수극이라고 해야 할까?

시나리오는 멋지지만 연기를 하려면 엄청 힘이 들 거야. 피학적으로 살아야 하는 시나리오니까.

"봐요, 내가 얼마나 불행한지. 이건 아버지와 어머니가 사랑을 주지 않았기 때문이에요."라고, 성인이 되어서도 계속 무의식중에 그 복수극이 이어지니 얼마나 힘들까?

히로시　이 또한 인간의 복잡한 심리 구조의 일부분이죠.

우주님　그렇지. 인간의 '마음' 때문에 우주가 고생을 하는
거야. 그런데 여기서 말한 '복수'는 자신에게 소중한,
사랑하는 사람만 대상으로 삼아. 그걸 깨달으면
사랑이 무엇인지도 깨달을 수 있어. 왜냐하면
옆집 아저씨가 사랑해주지 않는다고 해서 복수를
생각하지는 않겠지? 복수까지 생각하는 이유는
사랑이 있기 때문이야. 사랑이 미움으로 변하면 더
지독해지는 법이니까.

그렇다. '복수'라고 표현하면 무서운 생각이 들겠지만 사
실 이 '복수'는 결국 '사랑'이다. 우주님의 말처럼 옆집 아저
씨나 우연히 전철에서 만난 낯선 사람에게 "나를 사랑해주
지 않다니 용서할 수 없어. 반드시 복수할 거야."라고 생각
하지는 않는다.

일을 할 때 성공 가능성이 보이면 왠지 모르게 컨디션이
무너지거나, 모든 것이 싫어져 그만두고 싶은 경우가 있다.
또는 사랑하는 사람이 생겨도 먼저 이별을 생각하거나 어
느 날 갑자기 그 사람이 이유 없이 싫어지는 경우도 있다.
이런 것은 '어머니에게 사랑받고 싶다'고 바라는, 당신의 내

부에 존재하는 유아적 심리 때문이기도 하다.

만약 당신이 이렇게 상처 입은 마음을 끌어안고 있다면 한 가지 중요한 사실을 알아야 한다.

당신은 완전한 존재이며, 우주로부터 절대적인 사랑을 받아 이곳에 왔다는 사실이다.

당신의
모든 것을
사랑해요.

3부

돈의
순환 법칙

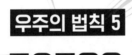

우주의 법칙 5

풍요로움은
순환하는 것이다

가난한 마음을
교육하는 방법

'가난한 마음'을 버릇으로 가진 사람들이 있다. 이를 공략하는 가장 바람직한 대책은 '선불의 법칙'을 철저하게 가르치는 것이다.

선불의 법칙이란 돈이 필요하면 먼저 지불하는 법칙이다. 이것은 '필사적으로 ○○하니까 그만큼 ○○해서 받는다.'는 방식이 아니다. 그런데도 두려움에 사로잡혀 눈물을 흘리면서 '선불'을 내는 사람들이 있다.

유감스럽게도 '돈이 돌아오지 않으면 어떻게 하지?', '선불로 지급해서 더 가난해지면 어떻게 하지?'라는 생각은 그대로 우주로 보내는 주문이 된다. 나 또한 그런 주문을 보내고 어느 날 문득 돌아보니 빚이 2억 원이나 되었다.

풍요로움의 순환은 항상 '에너지(주문) 발신'이 우선이다. '풍요로움(결과)의 수신'은 그 이후다.

대체로 낭비와 선불을 구별하지 못하는 사람이 많은데, 이 차이는 명백하다. 선불의 법칙을 제대로 알고 있는 사람은 직접적인 반환이 없더라도 간접적으로 지불한 금액의 두 배 이상의 가치가 돌아온다고 확신한다. 필요한 돈이 있으면 최종적으로 필요한 기일까지 반드시 돌아온다고 믿는다.

한편 낭비를 하는 사람은 무엇인가 결핍된 부분이나 불안감을 메우기 위해 물건을 구입하는 행동을 한다. 물건을 구입하는 행위로 충족되지 않는 마음이나 '누군가가 나를 가난뱅이라고 생각할지도 몰라.'라고 하는 불안감을 떨쳐버리려 하는 것이다.

따라서 선불의 법칙을 철저하게 가르쳐서 '지불'을 하는 것에서부터 풍요로움을 순환시킬 수 있도록 교육해야 한다.

돈을 부정적으로 여기는
사람을 교육하는 방법

돈은 사람들이 풍요로움의 에너지를 가시화하고 싶어서 만든 단순한 종잇조각이다. 생각을 하는 순간 모든 것이 이루어지는 우주에서는 돈이 필요하지 않다. 그런 돈에 가치를 부여하는 것은 인간의 영혼이며 우주다. 돈은 단순한 종잇조각이지만 인간이 발신한 사랑과 감사의 에너지를 싣고 사람들 사이를 돌고 돈다.

돈을 받았을 때 죄악감을 느끼는 사람이 예상 외로 많은데, '돈을 받아서 미안하다'는 마음을 가지면 모처럼 수중으로 들어온 사랑과 감사의 에너지를 거부하는 결과를 낳는다. 돈을 사용할 때도 죄악감을 느끼는 사람이 많다. 돈에 죄악감이라는 에너지를 실어서 보내는 것이다. 돈은 풍요로움이 형태화된 것이기 때문에 부정적인 에너지가 실리면 순환을 하지 못하고 되돌아오지도 않는다.

따라서 돈에 실려 있는 사랑과 감사의 에너지를 수용해야 한다. 또 돈을 사용할 때 '감사합니다'를 말함으로써 올바른 순환이 계속 이루어지도록 해야 한다.

풍요로움을 거부하는
사람을 교육하는 방법

돈은 풍요로움의 순환이다. 누군가가 신경이 쓰여 돈을 버는데 거부감을 느끼면 풍요로움이 순환되지 않고 한곳에 정체되어버린다.

대부분의 사람들은 "내가 돈을 벌면 나만 행복해지는 거야."라고 생각하지만 이것은 커다란 착각이다. 한 사람이 돈을 벌면 풍요로움의 순환이 일어난다. 그로 인해 가족 중 누군가가 가난한 마음 버릇에서 벗어날 수 있다면 풍요로움의 순환이 시작되는 것이다.

즉, '돈을 벌지 않는 것'보다 '돈을 버는 것'이 자신은 물론 부모도 행복하게 만든다. 그 점을 잊고 "아, 우리 집에는 돈이 없어서 힘들어. 어머니가 불쌍해."라는 식으로 마음대로 부모를 불쌍하게 여긴다거나 "그러니까 나만 풍요로워질 수는 없어."라고 생각하는 사람이 있다면 하루속히 다른 결정을 내려야 한다.

우선 '돈을 벌어 행복해지겠다.'라는 각오를 해야 한다. 그리고 본인이 돈을 벌게 되면 주변 사람들도 행복해진다는 사실을 알아야 한다. 풍요로움은 신뢰와 존중을 낳는다.

돈은 믿는 만큼 돌아온다

'돈이 필요하면 돈을 지불하라!'

'부자인 나 자신을 먼저 선택하라!'

이것도 나의 직접적인 경험을 통해서 전달하는 말이지만 실제로 해보면 정말 어렵다고 호소하는 사람이 많다.

돈이 계속 들어오게 하려면 두 가지 요소가 필요하다. 하나는 '즐겁기 위해 돈을 사용한다'는 것이고 또 하나는 '쓰기 위해 돈을 직접 번다'는 것이다. 이 두 가지 요소가 세트가 되어야 한다.

물론 '(자신과 타인이 모두) 즐겁기 위해 돈을 사용'하는 행위로 인해 우주에 '돈의 흐름'이 발생한다. 하지만 그전에 우주는 '스스로 책임을 지고 돈을 벌려고 하는 자세'가 갖추어져 있는지를 먼저 살펴본다.

"아, 이 상황에서 돈을 쓰고 싶다!"

"이 사람을 위해 돈을 쓰고 싶다!"

"하지만 돈은 쓰면 없어지는데…."

"나중에 돈이 들어오지 않아 힘들어지는 건 싫은데…."

이런 걱정을 하는 스스로에게 어떤 말을 해줄 수 있을까?

"괜찮아! 힘든 상황이 오면 내가 책임을 지고 벌면 되니까 안심해! 만약 돈 때문에 고통을 받는 일이 있다고 해도 내가 반드시 대처할 테니까 내게 맡겨두라고! 돈이 없다고 해서 죽는 일은 없어! 걱정하지 마!"

스스로에게 이렇게 말해줄 수 있다는 것은 자신의 우주를 100% 믿는다는 뜻이다. 이 상태가 되어야 비로소 우주는 본래 갖추고 있는 무한대의 능력을 제한 없이 발휘하게 해준다.

우주님   선불을 낼 때 '돌아올까?'는 '돌아오지 않으면 어떻게 하지?'와 같은 의미야. 이 주문을 우주는 '돌아오지 않으면 어떻게 하지?'라는 쪽으로 받아들인다는 점을 잊지 마. 어때, 이제 이해하겠어?

히로시 그래서 더더욱 '돌아오지 않아도 상관없어. 기분 좋게 잘 썼으니까.'라고 생각할 정도로 반드시 돈을 벌겠다는 각오를 가져야 해요. 돌아오든 돌아오지 않든 그 책임은 자신이 진다고 생각할 정도로 믿을 만한 사람이 되어야겠지요.

나도 2억 원의 빚을 지고 있던 시절에 돈을 쓰는 것이 불안해서 도저히 지갑을 열 수 없었던 적이 많았다. 하지만 "10년 안에 2억 원을 모두 갚고 행복해졌어!"라고 주문을 보낸 이후부터는 항상 두 눈을 크게 뜨고 우주의 힌트를 찾았다.

"달리 돈을 벌 방법은 없을까?"

"남는 시간에 돈을 벌 수 있는 방법은 없을까?"

"돈을 버는 수단은 많을수록 좋아. 내가 할 수 있는 일이 있다면 뭐든 하자!"

"우주님, 방법 좀 가르쳐주세요!"

이런 식으로 늘 우주님에게 질문을 하고 주어지는 힌트는 반드시 실행에 옮겼다. 그런 사고와 실행이 축적된 결과

깨닫게 된 사실은, "돈을 써도 필요한 돈은 기일에 맞추어 반드시 돌아온다.", "돈을 써도 몇 배나 되는 돈이 다시 들어오니까 걱정하지 않아도 된다."는 것이었다. 그런 현상을 매일 반복적으로 피부로 실감했다.

주문을 보내고 힌트를 얻어 실행하는 과정의 축적이 우주로 보내는 절대적인 신뢰와 연결된 것이다. 어렵게 느껴지는 것은 '처음' 뿐이다.

우주님 무엇인가를 처음 시작한다는 것은 사람들에게는 매우 두려운 일이지. 뭐, 우주적으로 보면 행동의 별 지구에서 그런 생각을 하는 게 우습지만 말이야.

히로시 이것 역시 인간의 위기 회피 능력 때문이라고 말할 수 있겠지요.

우주님 나는 단순히 '겁쟁이' 버릇이라고 생각해.

우주는 우리가 스스로를 신뢰하고 현재의 자신으로부터 한 걸음 내딛는 것을 보면 크게 기뻐하며 최대한 응원해준다. 이건 명백한 사실이다.

신용카드를 쓸 때도 선불의 법칙을 생각한다

최근 내가 자주 받는 질문이 "선불의 법칙은 현금으로만 지불해야 하나요?"라는 것이다. 원하는 것을 얻기 위해 신용카드를 사용해서 분할로 지불하면 안 되냐는 뜻이다. 물론 상관없다. 오히려 부러운 일이다. 나는 아직도 신용카드 심사를 통과하지 못해 모든 것을 현금으로 지불하고 있다. 그래서 신용카드를 사용하는 사람들을 보면 부럽다.

어쨌든 내 문제는 제쳐두고, 신용카드를 쓴다는 것이 단순히 빚이나 낭비일까 하는 것이 문제인데, 결론을 말하면 이것도 멋진 '선불의 법칙'이다.

우주님   돈이나 신용카드는 단순한 종잇조각과 플라스틱일
     뿐이야. 거기에 어떤 에너지를 실어서 세상에
     발신하느냐가 중요하지. 단, 신용카드를 사용할 때
     유달리 죄악감을 갖는 사람들이 있어.
     "카드를 써버렸어.", "할부로 결제해도 될까?",
     "아, 현금서비스를 받았어."라는 식으로 생각하면서
     빚쟁이 시절의 히로시처럼 찌질해지는 거야.

히로시   잠깐, 찌질하다니 제가 무슨….

　중요한 것은 신용카드를 썼느냐 안 썼느냐보다 그것을
원하는 '동기' 쪽이다. 예를 들어 젊은 시절부터 갖고 싶었
던 자동차인 경우, 구입한 뒤에 자신이 어떻게 될 것인지,
어떻게 되고 싶은지가 중요하다. 신용카드든 현금이든 자
동차를 구입해서 '이 자동차에 어울리는 자신'이 되겠다는
결의가 갖춰져 있어야 한다.

　그 지출이 '미래의 자신에 대한 투자'이며 '이후의 인생
을 빛나게 하기 위한 것'인가? 아니면 '부족한 부분을 충족
시키기 위한 것'이며 '그렇게 해도 자신은 안 된다는 사실을
증명하기 위한 것'인가? 동기가 어느 쪽에 있는지가 중요
하다.

그렇게 생각하면 좋아하는 브랜드 제품을 구입하는 것도 사람에 따라 투자가 될 수도 있고 낭비가 될 수도 있다. 멋진 양복이든 소소한 소품이든 마찬가지다. 그것에 의해 자신의 에너지가 올라가는가? 그것에 의해 자신이 빛나는 존재가 될 수 있는가? 이 점을 먼저 확실하게 이해해야 한다. 이런 관점으로 지금까지 돈을 썼던 방식을 한번 확인해보자.

우주님 신용카드를 쓰면서 "사실은 마음이 내키지 않지만 신용카드가 있어서 썼어."라고 한다면 신용카드로 지불할 때 느끼는 마음은 허무감, 혐오감, 죄악감이겠지. "아, 정말 싫어. 신용카드는 쓰고 싶지 않아."라는 생각으로 신용카드를 썼다면 그 역시 우주에 "돈은 나쁜 거야."라는 주문을 낸 것과 같아. 그럴 경우, "아, 돈을 쓰는 건 정말 싫어."라는 상황이 계속 이어지지. 아, 과거의 히로시가 그랬지?

'그건 생활비라서 어쩔 수 없었어.'라고 생각하는 경우, 자신의 의식을 다시 설정해야 한다. '아, 나는 풍요로움을 먼저 선택한 거야.', '그러니까 지붕이 있는 집에서 편안하게 잠을 잘 수 있어.'라는 식으로.

현실적으로 신용카드를 사용해서 힘든 상황을 막아내고 있다고 해도 "나는 반드시 이 힘든 상황에서 벗어날 거야!"라고 결심해야 한다. 그리고 그렇게 결심을 하고 우주로 보낸 주문을 이루려면 무엇이든 실행에 옮기겠다고 마음먹고 실제로 행동해야 한다. 나는 그렇게 해서 빚 지옥에서 빠져나올 수 있었다.

물론 "돈을 지불해야 할 날짜 안에 필요한 돈이 들어왔습니다."라는 주문을 보내고 믿어야 하지만 그것만으로는 부족하다. 주문을 보낸 뒤 그것을 믿고 주어지는 힌트나 머릿속에 떠오르는 '이렇게 하는 것이 좋다고 느껴지는 것'들을 모두 행동에 옮겨야 한다.

'됐어! 이것으로 소원이 이루어졌어!'라고 생각하고 즐거운 마음으로 실행해보자. '신용카드를 써서 할부로 결제할 수밖에 없는 나'라는 생각에 사로잡혀 낙담해서는 안 된다.

주문을 보낼 것!

그리고 철저하게 믿고 행동할 것!

결코 포기하지 말 것!

인간의 지혜를 초월한 거대한 존재가 "좋아. 이제 슬슬 기적을 일으켜볼까?" 하고 손을 내미는 대상은 '최선을 다해 행동하는 사람'뿐이다. 최선을 다해 행동한다는 것은 지금 당장 여기에서, 그리고 자기 혼자서도 얼마든지 할 수 있는 일이다.

선물의 법칙은 물건을 사는 것만이 아니다

사실 선물의 법칙은 '물건을 사는 것'에 한정된 이야기는 아니다. 당신의 인생을 위해 실행하는 모든 행동이 '선물의 법칙'이다.

"공부를 하기 위해 도서관에서 시간을 보냈다."

"세미나에 참석하려고 돈을 지불했다."

이런 것들도 모두 멋진 선물의 법칙이다.

또한 '풍요로움'이 반드시 돈으로 돌아오는 것도 아니다.

"점심식사를 대접 받았다."

"구입하고 싶었던 테이블을 선물 받았다."

이것 역시 풍요로움이 순환되는 것이다.

나도 빚이 많이 남아 있던 시절, 심리학을 공부하기 위해 선행 투자를 했다. 빚이 있는 상황이라 몇백만 원이나 되는 돈을 지불할 때는 솔직히 불안했다. 하지만 그와 동시에 '선불', '선행 투자'를 했다는 사실을 우주가 당연히 지켜보고 있을 것이라고 여겼다. 단, 그런 느낌을 확실하게 형태화하여 행동을 하는 데 필요한 돈을 우주로부터 받고 싶다면 먼저 '풍요로움이 돌아온다'고 믿어야 한다.

가끔 "히로시 씨, '이게 힌트일까?' 하고 생각하면서도 실행하지 못했다면 더 이상 가망이 없는 것인가요?"라는 질문을 받는 경우가 있다. 나는 주문이 그대로 유지되는 한, 힌트는 다시 찾아온다고 믿는다.

물론 그렇게 하려면 '힌트를 대하는 자신의 마음가짐'이 적극적이고 긍정적이어야 한다.

"풍요로움을 받을 거야. 그렇게 하기 위해 내가 할 수 있는 것은 뭐든지 할 거야. 행동으로 실천할 거야!"

이렇게 생각한다면 우주의 힌트는 반드시 다시 찾아온다. 우주(나의 내부에 존재하는 진짜 나)가 지켜보는 것은, 바람을 이루기 위해서라면 무엇이든지 실행하겠다는 나의 '마음 자세'다.

그런 차원에서 나 자신이 실천해서 정말로 효과가 있었

던 '선불의 법칙'을 한 가지 말해주고 싶다.

소원을 이룬 미래의 자신이 어떤 말과 행동을 하는가?
돈이 있는 자신은 어떤 풍요로운 생활을 하고 있는가?
돈은 어떤 식으로 사용하고 있는가?
그때의 자신은 어떤 감정인가?

이것을 사실적으로 그려보는 것이다. 소원이 이루어진 자신을 상상해보자. 화려하게 빛나고 있는가? 늘 미소를 잃지 않고 있는가? 불평불만 없이 밝고 활기찬 표정을 짓고 있는가?

히로시 우주님, 표정이 왜 그래요? 좀 무섭네요. 뭔가 언짢은 게 있는지….

우주님 이봐, 히로시, 정말 웃긴 게, 소원이 '이루어지지 않으면' 미소를 지을 수 없는 거야? 소원이 '이루어지지 않으면' 활기찬 표정을 지을 수 없는 거야? 불평불만 없이 여유 있는 마음으로 사람들을 상냥하게 대할 수 없어?

그렇다. 할 수 있다! 이건 할 수 있다! 미소를 짓는 것 정도는 결과와 관계없이 할 수 있다. 소원이 이루어지지 않았더라도 미소를 짓는 것 정도는 누구나 얼마든지 할 수 있다.

소원이 이루어지기 전에도 미소를 짓는 것은 '선불'이다. 그렇다. '선불의 법칙'은 절대적이기 때문에 미소를 짓고 있으면 소원은 이루어진다.

이것은 거울 속의 자신을 들여다보고 "그래, 웃어줄게. 먼저 웃어줄 테니까 너도 웃어."라고 스스로에게 말하는 것과 같다. 먼저 웃으면 된다. 먼저 웃으면 거울 속의 자신도 미소를 짓는다.

미소를 짓는다는 것은 정말 멋진 행동이다. 지금 당장, 그리고 매일 할 수 있다. 이런 간단한 선불 지급으로 소원이 이루어진다.

소원이 이루어진 자신을 선불로, 즉, 그 상태를 먼저 만들면 우주가 그에 응하여 자기도 모르는 사이에 소원이 이루어진다. 진정한 '선불의 법칙'은 돈뿐 아니라 '소원을 이루었을 때의 자신의 언행이나 상태'를 먼저 갖는 것이기 때문이다.

빚더미에서 벗어난 3 단계 의식 변화

2014년 말경에 나는 2억 원의 빚을 모두 변제했다. 9년
이라는 세월이 필요했지만 지금 생각해보면 내게 이 책을
쓰게 해준 정말 소중한 '빚'이었다.

우주님　내가 악덕 컨설턴트를 너에게 파견한 덕분에 2억
　　　　원이나 되는 빚을 지게 했고 다시 재기할 수 있도록
　　　　유도했지만… 어쨌든 진심으로 감사하고 있어,
　　　　히로시.

히로시　네? 제게 우주님이 악덕 컨설턴트를 보냈다는
　　　　말인가요? 제가 사기를 당했다는 건가요?

우주님   너는 우주가 보낸 신들이 모두 좋은 인간의
모습으로만 나타난다고 생각해? 이거 너무 순진한걸.
우주가 꽤 심술궂은 편이라고 말 안 했나?

맞다. 우주님은 꽤나 심술궂은 편이다. 일반적으로 '사채
업자에게 3천만 원 빚을 지면 인생은 끝'이라고 말하지만
당시의 나는 그런 것도 모르고 사채업자로부터 6천만 원이
나 되는 큰돈을 빌렸다. 그런데 어떻게 갚을 수 있었을까?
거기에는 내 나름대로의 이유가 있다.

'난 빚더미 속에서 살고 있어. 정말 힘들어.'라는 부정적인 생각을 '빚이 없는 세계를 보자!'라는 긍정적인 생각으로 바꾸고, '행복을 경험하지 않고 죽을 수는 없어!'라고 결심했기 때문이다.

"지금 정말 돈이 필요합니다!"라는 상담은 많이 받는다. 내 경험을 돌이켜보면 "어떻게 하면 즉시 돈이 들어올까?" 하는 눈앞의 문제보다는 이 3단계의 의식 변화가 정말 중요하다.

나는 가장 많은 경우 한 달에 약 500만 원을 갚았다. 거기에 옷가게 임대료, 집 월세를 내야 했고, 보험료나 이런저런 세금을 지불해야 했다. 고통스러운 나날이었다. 하지만 어느 날 문득 깨달았다.

'응? 한 달에 500만 원을 갚는다면 결국 모두 갚고 나면 한 달에 500만 원씩 남는다는 뜻이잖아?'

그 사실을 깨달았을 때의 충격이란⋯. 그리고 이렇게 생각했다.

'매달 500만 원을 저축하고 싶어!'

그때까지 나는 '빚이 싫어!', '어떻게 좀 해줘!', '나 좀 도와줘!'라면서 매일 빚에 허덕이는 생활을 부정하고 있었다. 하지만 여러분도 이제는 알겠지만 이런 '빚더미 생활이 싫다'는 말이 우주로 보내는 주문이 되어 '빚더미' 상태가 계속 이어지는 것이다. 그것을 '매달 500만 원을 저축하고 싶어!'로 바꾸어 생각하면서, "나는 매달 500만 원씩 저축하고 있어!"라는 주문으로 바꿀 수 있었다. 그리고 지구라는 행동의 별에 태어난 덕분에 "행복을 경험하지 않고 죽을 수는 없어!"라는 강한 결심을 하기에 이르렀다.

기쁜 마음으로
풍요로움을
방출한다

빚을 변제하면서도 행복을 느끼는 데 돈을 사용하는 선불의 법칙을 계속 실행했고, 그러는 동안에 빚을 신경 쓰지 않아도 될 정도로 돈이 들어왔다. 결국 빚을 모두 갚고 나자 한 달에 500만 원 이상의 돈이 매달 남게 되었고, 지금은 매일 풍요로움을 실감하면서 살고 있다.

그런 상황에서 깨달은 것은 "돈은 풍요로움의 에너지가 실린 종잇조각이다."라는 사실이다. 그리고 사람들이 돈을 통하여 풍요로움의 에너지를 교환하고 있다는 사실도 깨달았다.

우주 공간에는 돈이 존재하지 않는다. 우주님도 자주 해준 말이다. 당연하다. 풍요로움의 에너지가 우주 공간에 무한대로 존재하니까. 우리가 이 에너지를 물질로 느끼고 만질 수 있는 것은 지구라는 행동의 별에 있기 때문이다.

사람은 돈이라는 물질에 풍요로움의 에너지를 실어서 누군가에게 건네고 또 누군가로부터 건네받는 과정을 통해 그 존재를 접하고 풍요로움을 맛볼 수 있다.

우주님 풍요로움의 에너지는 강물과 같은 거야. 흐름을 막으면 안 돼! 흐름을 막으면 에너지는 혼탁해지고 썩어버리거든!

히로시 에너지가 썩는다고요?

우주님 돈이든 사랑이든 모든 것은 시간과 같아서 항상 위에서 아래로 흘러간다고 생각해야 해. 그 흐름을 막으면 너에게서 멈추어버리지. 돈을 받는 데도 허가가 필요하지만 돈을 쓰는 데도 허가가 필요해.

히로시 돈을 쓰는 데 허가를 받아요? 우주님, 그건 처음 듣는 말인데요?

우주님 돈을 받을 때만 기뻐해서는 안 된다는 거야. 돈을 쓸 때도 기쁜 마음으로 써야 해! 돈을 쓸 때는 받는 사람을 생각하고, 그 기쁨을 공유하면서 쓰라는

말이야. 우주는 그걸 지켜보고 있다가 그 기쁨을
더욱 증폭시켜서 보다 큰 풍요로움의 에너지를
안겨주니까.

우주님의 말은 풍요로움의 에너지를 충분히 받았으면 이
번에는 더 풍요로운 에너지를 실어 '방출해야' 한다는 것이
다. 방출된 에너지는 주변 사람들에게로 흘러가기 때문에
자신의 우주 전체가 풍요로움의 흐름을 타도록 만들 수 있
다. 또한 풍요로움의 에너지를 방출할 때에는 웃는 얼굴과
감사를 함께 실어 보내는 것이 선불의 법칙이다. 따라서 돈
이나 풍요로움을 받으면 기쁜 마음으로 방출해야 한다.

선불로 냈는데
돈이 돌아오지
않는 이유

"히로시 씨! 선불의 법칙을 따라 해도 돈이 전혀 들어오지 않습니다."

돈과 관련된 질문은 거의 매일 들어온다. 상황은 사람마다 다르지만 매일 '감사합니다'를 중얼거리고 기쁜 마음으로 선불을 지불해도 돈이 들어오지 않는 것은 풍요로움이 제대로 순환되지 않고 있어서다.

우주님 뭐, 그런 사람들 대부분은 돈의 에너지를 받기를
거부하고 있는데 본인만 모르는 거지. 어쩔 수 없어.
거부하고 있으니까 들어오지 않는 건데, 뭐.

히로시 아니, 그건 너무 밑도 끝도 없는 말씀이잖아요. 좀 더 설명을 해줘야지요.

우주님 우선 돈이 들어오지 않는다는 것은 본인의 '상황'이 문제인 거야. 예를 들어 "파트타임으로 일하고 있기 때문에 들어오는 돈은 한계가 있어."라거나 "기술이 없으니까 새로운 일을 찾아도 들어오는 돈은 한정되어 있어.", "직업적으로 기본급이 너무 적어."라는 식으로 말하는 사람들이 있는데, 그 제한의 근거가 도대체 어디에서 온 것이냐는 말이지. 일정한 직업 없이도 아르바이트를 하면서 돈을 모으는 사람들은 얼마든지 있잖아.

예를 들어 아르바이트를 하고 있지만 부모님으로부터 물려받은 부동산 수입이 있다면 "아르바이트를 해서 들어오는 돈은 한계가 있다."라는 말은 100% 사실은 아니다. 아르바이트를 하고 있지만 돈을 주식에 투자해서 연봉 5천만 원이 넘는 사람도 있다. 물론 "내게는 부동산이 없습니다."라거나 "주식은 무서워서 할 수 없습니다."라고 말할 수도 있다. 하지만 중요한 것은 '제로는 아니다.'라는 사실이다.

돈이 들어오지 않는다고 생각하는 사람들 중에 "내 주변에는 부자가 없어."라고 말하는 사람도 있다.

우주님   돈이 없는 사람들은 말이지, 돈이 없는 사람들하고
           어울린다고. 뭐, 자신의 우주에서는 눈에 비치는 모든
           것이 자신이니까 자연스럽게 눈에 비치는 사람들도
           모두 자신과 비슷한 사람들인 거야. 당연한 현상이지.

히로시   그렇군요. 그럼 돈이 있는 사람과 어울리는 것이
           부자가 되는 지름길….

우주님   그렇지. 돈이 있는 사람의 에너지를 접해야지. 그리고
           자신도 풍요로운 에너지를 먼저 가져야 해.

  나도 이 부분은 실감한 적이 많다. 내가 처음 롤렉스 시계를 구입했을 때의 이야기다. 아직 첫 책이 나오기 전의 일인데, 나는 우주의 법칙을 전하는 소규모 강좌를 개최하고 있었다(수강생은 적은 경우에는 4명 정도). 언젠가 그곳에서 "올해 안에 롤렉스 시계를 구입하겠습니다!"라고 선언하려고 했더니, 눈앞에 롤렉스 시계를 찬 수강생이 눈을 빛내며 나를 바라보고 있었다.

  그 순간 깨달았다. 롤렉스 시계를 당연히 가지고 있는 사람의 입장에서 본다면 "응? 올해 안에 구입한다고? 지금 구

입하면 되는데, 왜?"라고 생각하지 않을까 하는 점이다.

그때까지 롤렉스 시계를 차고 있는 사람을 만날 기회는 사채업자에게 돈을 빌리러 갔을 때뿐이었다. 그 이외에는 롤렉스 시계를 찬 사람을 만날 기회가 없었다.

그래서 롤렉스 시계를 즉시 구입했다. 그리고 '롤렉스 시계를 차고 다니는 사람'이라는 새로운 세계를 경험할 수 있었다.

풍요로운 사람 가까이 있으면 좋다

만약 지금 당신 주변에 이상적으로 돈을 잘 버는 사람이 없다면 돈을 벌지 못하는 사람들 틈에 존재하는 생활로 스스로 안도감을 얻고 있는지도 모른다. 사람이든 에너지든 같은 수준에 놓여 있는 대상과 어울리고 만난다. 당신의 우주에 등장하는 모든 인물은 당신 자신이기 때문이다.

우주님　결국 인간끼리도 파장이 맞는 사람들끼리 어울리는 거야. 그러니까 돈이 없는 사람들끼리 서로 위로를 하고 위안을 받지. 그러면 아무리 시간이 흘러도 '돈이 없는' 상태는 계속될 수밖에. 그중 한 명이 "나는 부자가 될 거야!"라고 결심을 하고, 그 '가난뱅이 그룹'에서 빠져나오려 한다고 해도 멤버들이 강하게 앞을 가로막지. 이것 역시 드림 킬러의 일종이야.

히로시 아, 맞아요. "그렇게 필사적으로 노력한다고 뭐가 되는 건 아니야."라고 말하는 걸 본 적이 있어요.

우주님 그렇게 이유를 알 수 없는 비판이나 방해를 하는 경우가 더러 있지. 비판을 하려면 나처럼 당당하게 "히로시, 이 찌질이, 멍청이!"라고 하는 게 낫지 않아?

히로시 그건 단순히 놀리는 거잖아요.

어떻게 해야 돈이 들어오게 할 수 있을까? 가장 빠른 지름길은 '돈이 들어오는 사람과 가까이하는 것'이다. 우주가 그 에너지를 증폭시켜주기 때문에 돈이 들어오는 사람 옆에 있으면 돈이 들어오게 되어 있다. 돈이 들어오는 사람과 어울리면 돈이 들어오는 이유, 돈이 들어오게 행동하는 그 사람의 마음가짐을 배울 수 있다.

Ⓐ 어떤 일을 해도 돈은 들어온다.

Ⓑ 어떤 일을 해도 들어오는 돈은 한정되어 있다.

어느 쪽이든 강력한 믿음은 우주로 보내는 주문이 되고, 우주가 그 에너지를 증폭시켜준다. 마음속으로 믿고 있는 것이 현실로 나타나는 것이다.

만약 ❷를 믿고 있으면 당연히 돈을 손에 넣기 위한 행동도 제한적일 수밖에 없다. 꿈을 이루기 위해 돈을 벌고 싶다고 생각하더라도 '나의 내부에 존재하는 진짜 나'는 '하지만 그렇게 하기 위해 아무런 행동도 하지 않고 있다.', '아무것도 하지 않으면서 한정되어 있다고 불평만 한다.'는 사실을 잘 알고 있기 때문이다.

우주의 에너지가 작용하는 돈의 흐름은 현금의 흐름만이 아니다. 모든 형태, 형식으로 작용한다. 예를 들어 본래 1천만 원에 구입할 수 있는 물건을 500만 원으로 구입한다면 우주는 500만 원의 수입을 부여해준 것이다. 만약 당신이 갑자기 불치병에 걸려 하루밖에 살 수 없다는 말을 들었다고 가정하고 돈을 사용해서 수명을 연장할 수 있다면 얼마를 지불할까? 그것이 예를 들어 2억 원이라고 한다면 질병 없이 건강한 당신은 2억 원을 이미 번 것이다.

그렇다. 풍요로움의 에너지는 이미 일상생활 속에 주입되어 있다.

돈이 들어와도 낭비를 하는 사람이 있다

"돈이 들어오지 않아."라고 탄식하는 사람들 중에는 부모와의 관계성에서 벗어나지 못하고 있는 경우가 많다. 어떤 경우인가 하면, "돈을 버는 것은 힘든 일이야.", "돈이 있으면 문제가 발생해."라는 식으로, 어린 시절에 부모로부터 들은 이야기나 돈과 관련된 부모의 고생담을 통하여 '돈에 대한 혐오감'을 품고 있는 경우다.

돈을 쓸 때마다 가슴이 두근거리고 죄악감이 느껴진다는 사람의 경우는, 선불의 법칙을 활용할수록 죄악감은 더욱 강해질 것이다. 거기에 존재하는 것은 어린 시절에 돈 때문에 고생을 했던 부모를 보고 배운 가치관이다. 즉, "부모님이 돈 때문에 그렇게 고생을 하셨는데, 내가 풍요로워져서 자유롭게 돈을 펑펑 사용할 수는 없어."라는 마음이 있는 것이다.

그 마음은 그대로 돈에 대한 가치관이 되어 돈을 쓸 때마다 "이런 식으로 낭비를 해서는 안 돼."라고 여긴다. 이 경우에는 우주로도 부정적인 주문이 보내지고, 그에 따라 돈을 벌기 위한 행동도 위축되기 쉽다. "돈을 버는 것은 힘든 일이야.", "돈이 있으면 문제가 발생해."라는 생각이 그 바탕에 존재하기 때문에 이것은 지극히 자연스러운 현상이다.

한편 돈은 들어오는데 낭비를 한다는 사람도 있다.

"돈은 꽤 들어오는 편이지만 저금을 할 수가 없고 자꾸 낭비를 하게 됩니다."

이 경우는 돈을 버는 것 자체는 허가를 받았지만 돈에 의해 자신이 풍요로워지는 것은 허가를 받지 못했다. 예를 들어 어린 시절에 부모가 돈 때문에 고생하는 모습을 보고 "언젠가는 내가 돈을 벌어서 도와드릴 거야."라고 맹세한 패턴 등이 여기에 해당한다. 이런 경우에는 성인이 된 이후에 직접 부모를 금전적으로 부양할 필요가 없다고 해도 돈이 들어오는 만큼 자신의 수중에 보관하는 데 위화감이나 불편함을 느낀다. 그리고 수중에 돈이 있으면 왠지 낭비를 하게 되어 마치 물이 새듯 돈이 빠져나간다.

그런 사람의 마음속에 존재하는 생각은 "내가 번 돈으로 어머니를 도와드려야지."라는 어린 시절부터 갖추어진 일방적인 사랑이다. 이런 경우에는 돈을 꽤 잘 버는 일을 하고 있고 실제로 돈을 잘 번다. 그리고 "왜 수중에 돈이 모이지 않을까?" 하고 스스로도 이상하게 생각한다.

이것은 전부 무의식에서 발생하는 현상이다. 의식보다 더 깊은 곳에 존재하는, 잠재의식에 각인된 '돈을 쓰는 방법', '돈에 대한 가치관'이다.

이런 상태에 빠져 있는 사람은 어떻게 해야 풍요로움의 에너지를 얻을 수 있을까? 우선 부모와 돈의 관계를 살펴보고 거기에서 자신이 어떤 가치관을 가지게 되었고, 어떻게 돈을 쓰고 있는지 깨달아야 한다. 그리고 다음과 같이 확고하게 결심을 해야 한다.

"나는 부모님보다 행복하게 살아도 돼.
부모님보다 더 쉽게 돈을 벌고 더 풍요롭게 살아도 돼."

우주님 하지만 사람들은 부모에게 지나칠 정도로 민감하지. 아무리 사랑이 토대에 깔려 있다고 해도 부모보다 돈을 더 많이 벌겠다거나, 부모보다 돈을 더 많이 벌지 않겠다거나, 어떤 것이든 자신의 주문이 아니라 타인을 토대로 삼은 주문이야. 나의 내부에 존재하는 진짜 나 자신을 토대로 주문을 내야 하는데 말이지.

대부분의 사람들은 성인이 되는 과정에서 돈이나 풍요로 움을 받는 방식이 서툴러진다. 하지만 걱정하지 않아도 된 다. 내가 그러했듯 여러분도 얼마든지 반격할 수 있으니까. 그 방법은 돈이든 다른 형태의 풍요로움이든 그것을 받는 허가를 본인에게 직접 내주는 것이다.

4부

인간관계의
법칙

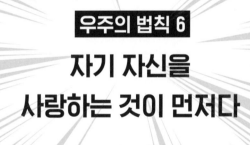

우주의 법칙 6

자기 자신을
사랑하는 것이 먼저다

자신감 없는
사람을 교육하는 방법

애인이 있으면 좋겠다, 결혼을 하고 싶다 등 인간 세계는 늘 만남을 원한다. 결혼을 원한다면 인연을 맺어주는 우주 중매 네트워크의 '미도리 님'을 부를 것! 단, "언제까지 결혼하겠습니다."라는 분명한 선언을 하지 않는 한, 미도리 님은 나타나지 않는다. 따라서 진지하게, 분명한 선언을 해야 한다.

문제는 무리 짓는 것을 좋아하는 사람들이 독신끼리 모이거나 자신감이 없는 사람끼리 모여 "나라면 남자(여자) 따위는 없어도 즐겁게 살 수 있어."라고 스스로를 속인다는 것이다. 그런 행동은 당장 그만두게 해야 한다.

요즘의 30~40대 중에는 결혼을 하지 않고 자립해서 자유롭고 여유 있는 인생을 사는 사람이 많다. 결혼이나 출산이 당연시되지 않아 자기실현을 이루고 스스로 인생을 개척하는 사람들이 늘고 있는 것이다. 이 경우 주의해야 할 점은 일을 하면서 혼자 살아가는 생활을 정말로 원하는가 하는 것이다. 정말 원하는 생활이라면 당연히 우주는 그것을 최대한 응원해주어야 한다. 그러나 사실은 가정을 가지고 자녀를 키우고 싶은 바람이 있음에도 젊은 시절의 가슴 아픈 연애 경험 등에 의해 자신감을 잃어버렸거나, 상처를 입어 다음 연애를 좀처럼 할 수 없거나, 일만 하다가 결혼에 대하여 점차 '자신감을 잃어버린' 경우도 있다.

최근에는 평생직장이라는 말 자체가 무의미해지고 안정적인 직장 생활도 보장할 수 없게 되면서 결혼 자체를 포기하거나 독신이 편해서 좋다고 생각하는 사람들이 많다. 연애에도 소극적이 될 수밖에 없다.

결과적으로 서로의 매력을 이끌어내지 못하고 "좋은 남자는 어디에도 없어."라고 탄식하는 여성, "평생 결혼을 할 수 없을지도 몰라."라고 탄식하는 남성이 생겨난다. 따라서 "나는 좋은 배우자를 만나 행복해질 수 있어. 원하는 만큼 돈을 벌 수도 있고, 행복한 가정을 꾸릴 수도 있어."라는 생각을 잠재의식에 재입력해주어야 한다.

바람이 지나친
사람을 교육하는 방법

연애 상대나 배우자를 꿈꿀 때 보통 상대의 외모나 능력, 성격 등의 조건을 구체적으로 바라는 것은 문제가 아니지만 스스로 그에 어울리는 에너지를 갖추지 않는 한, 그런 상대를 만날 수는 없다는 사실을 알아야 한다.

물론 경우에 따라서는 지나친 바람도 우주는 대환영이다. 즉, 자신이 정말로 바라는 것을 주문한다면 우주는 언제든지, 얼마든지 환영하고 밀어준다.

이것은 학력, 능력, 재력, 외모 등 이른바 세상의 관점으로 본 성공의 기준이 아니다. 그러한 상대 또는 배우자와 함께 있음으로 해서 얼마나 만족감을 느끼는가, 연인이나 배우자가 있으면 어떤 인생을 살고 싶은가 하는 자신의 눈높이에 맞는 이상적인 주문이 필요하다.

  그것을 착각하면 백마 탄 왕자님을 기다리는 식의 함정에
빠져버린다. 바로 여기에 주문의 법칙이 존재한다는 사실을
확실하게 인식해야 한다.

의존적인
사람을 교육하는 방법

이상적인 남녀 관계를 방해하는 것 중의 하나로 애정 부족을 들 수 있다. 이것은 '좀 더 사랑받고 싶었는데…'라는 생각을 끌어안은 채 성인이 된 남녀가 연인이나 남편, 아내를 통해서 보상받으려는 행위다.

그럴 경우 남녀 관계는 마치 두 살배기 아이가 엄마의 뒤를 졸졸 따라다니는 듯한 비정상적인 관계가 된다. 당연히 상대는 도망치고 싶어 하고 칭얼대는 상대를 서서히 이성으로 보지 않게 된다.

우주의 구조에는 그곳에 존재하는 에너지를 증폭시키는 힘이 있기 때문에 '좀 더 사랑받고 싶었는데…'라는 주문은 더욱 강력한 힘을 갖게 된다.

해결 방법은 자신의 내부에 '부모 같은 존재'를 가지는 것이다. 과거에 '사랑받지 못했다'는 것을 누군가를 통해서 해소하려 하는 것이 아니라 자기 스스로가 이상적인 부모가 되어 "그 시절에는 이런 것을 원했어."라며 부족했던 부분을 스스로 충족시켜야 한다.

'좀 더 안아주기를 바랐어.'라고 생각한다면 스스로를 매일 힘껏 안아주고 "이제 됐어. 충분히 안겨봤으니까."라고 말해주어야 한다. 이렇게 사랑받고 싶은 바람이나 자신의 마음속에 존재하는 허전함은 스스로 메워야 한다.

에너지의 침투를 막는 최악의 주문

"히로시 씨, 멋진 독신 여성은 많이 있는데 멋진 독신 남성은 왜 이렇게 적은 거예요?"

듣고 보니 확실히 30~40대의 나이에 일도 열심히 하고 용모도 아름답고 성격도 좋은 독신 여성이 주변에 꽤 많은 듯하다.

우주님 좋은 여성이 많다는 건 인정하지! 하지만 결혼을 원하면서도 남성과의 만남을 진지하게 찾는 것이 아니라 여성들끼리 모여서 "좋은 남자가 없어."라는 최악의 주문을 내고 있는 사람들이 종종 있어.

히로시　그렇지요. "좋은 남자가 없어."라고 말하면 그것이
　　　　　그대로 주문이 되지요.

　사람은 자신이 거주하는 장소나 만나는 사람의 에너지에
상당한 영향을 받는다. 만약 진심으로 결혼하고 싶다, 배우
자를 만나고 싶다고 생각한다면, "우리 꽤 괜찮은데, 왜 애
인이 생기지 않을까?", "좋은 남자가 없어."라고 말하면서
술잔이나 기울이는 사람과 만나서는 안 된다.
　"내 남편 정말 멋있어. 너무 행복해!"
　"아내와 함께 있으면 에너지가 샘솟고 세상에서 가장 행
복하게 해주고 싶은 마음이 들어!"
　이런 식으로 사랑과 풍요로움의 에너지를 배우자와 교환
하고 있는 사람과 어울려야 한다.
　지구상에는 각자의 에너지 강도나 성질에 맞게 자석처럼
끌리는 성질이 있다. 그러니까 상처받지 않는 행복한 연애
를 하거나 결혼을 하고 싶다면 지금 당장 독신들의 모임에
서 빠져나와 '행복한 결혼 생활을 보내는 모임'에 입회해야
한다.
　물론 독신 친구들과의 인연을 끊으라는 의미는 아니다.
특정 에너지의 침투를 막고, 행복한 결혼 생활을 보내고 있

는 사람의 에너지를 받으라는 것이다.

그렇게 하면 "결혼할 만한 멋진 사람이 꽤 있네."라는 식
으로 지금까지 당신의 눈에는 전혀 보이지 않았던 후보자
들이 눈에 들어온다.

내 우주에서 나는 최고로 아름답다

"외모에 콤플렉스가 있어서 적극적으로 연애를 할 수 없어요."

이 또한 자주 들을 수 있는 고민이다. 시리즈 2편에서 주인공 히로미도 그런 말을 했다.

우주님   이런, 이게 무슨 말이야? "외모에 콤플렉스가
있어서 자신감을 가질 수 없어요."라는 것 자체가
환상이야. 거기에서 빨리 빠져나와. "하지만
객관적으로 보면 사실인걸요.", "주변 사람들이
그렇게 말하는데요."라거나 "부모님이 줄곧 너는

귀엽지 않다고 말하면서 키워서요."라는 것도 우주의 관점으로 보면 아무 의미 없는 말들이야. 외모에 대한 평가는 시대에 따라 다르고 나라마다 다르잖아.

히로시   확실히 시대에 따라 미인의 정의는 다르지요.

우주님   우리는 날씬한 여성 쪽이 아름답다고 생각하지만 어떤 나라에서는 여성은 살집이 있을수록 매력적이야. 외모에 대한 관점은 다른 사람의 기준으로 결정하는 게 아니야. 본인 스스로 결정하는 것이지.

진짜 문제는 스스로에 대해 '외모가 나쁘다'고 결정하고 색안경을 걸치고 세상을 보는 것이 아닐까? 우주적 관점에서 볼 때 '당신은 아름답지 않기 때문에 가치가 없다.'는 식의 기준 따위는 없다. 그리고 '이런 외모이기 때문에 아름답다.'는 판단 기준도 우주에는 없다.

당신의 우주 안에서 당신의 아름다움을 결정하는 것은 오직 당신뿐이다.

이성과 만나도 눈치를 보고 기분을 맞추는 이유는 "내가 이렇게 하지 않으면 이 사람이 만나주지 않아."라고 스스로를 낮게 평가하기 때문이다. 따라서 본인이 스스로를 어떻게 보고 취급하는가 하는 쪽이 훨씬 더 문제다.

히로시   이렇게 말해도 "외모에 콤플렉스가 있으니까 당연히 스스로를 낮추어볼 수밖에 없잖아요."라고 말하는 사람이 꼭 있어요.

우주님   무슨 말이야? 그건 이유가 될 수 없어. 자신감을 가지지 못하는 것은 진심으로 자신을 응원하지 않기 때문이야. 정말로 스스로를 응원해야 하는 존재는 바로 '자신'이야. 누가 뭐라고 하든, 다른 누군가가 자신의 콤플렉스를 자극하더라도 그런 말은 곧이곧대로 받아들이면 안 되지. 그런 말을 받아들인다는 건 "그래. 나 스스로도 그렇게 생각해.", "내가 봐도 그래."라는 식으로 스스로를 낮추어 본다는 뜻이야. 지구상에 존재하는 인간(영혼)은 모두 완전무결한 훌륭한 존재라고 가르쳐주었는데 말이지.

부모의 기준이 우주의 기준은 아니다. 세상의 기준 역시 우주의 기준은 아니다. 그렇기 때문에 그런 기준에 좌우될 필요는 없다. 그 기준을 '나는 받아들이지 않는다.'라고 생각해야 한다.

그리고 주변을 잘 살펴보자. 모든 사람이 외모로 판단을 받고 있을까? 훌륭한 사람은 모두 외모가 수려할까? 정말로 훌륭한 사람은 단순히 외모만으로는 판단하지 않는다.

우주는 이런 부분을 주시한다.

얼마나 자신을 위해 노력하는가?

얼마나 자신을 소중하게 여기는가?

자신의 우주에서 가장 아름다운 사람으로 살려고

노력하고 있는가?

당신의 우주에 존재하는 모든 것은 당신 그 자체이기 때문에 당연히 배우자 후보에게도 전달된다. 순간적으로! 그리고 무의식중에!

스스로를 소중하게 여기지 않으면 상대는 "아마 나도 소중하게 여기지 않을 거야."라고 생각한다. 실제로 자신을 소중하게 여기지 않는 사람은 상대로부터 소중한 취급을 받을 수 없고 상대 역시 소중하게 여기지 않는다. 가장 중요한 자신을 소중하게 여기지 않으면서 다른 사람을 소중하게 여길 수는 없기 때문이다.

그렇다면 어떻게 해야 좋을까? 우선 자신이 좋아하는 것들에 둘러싸여야 한다. '내가 좀 더 아름답게 보이는 방법은 어떤 것일까?' 하고 열심히 생각해봐야 한다. 그리고 자신이 모르는 아름다운 자신을 스스로에게 보여주어야 한다.

돈과 시간을 자신을 위해 사용하고 자신의 우주에서 가장 아름다운 자신을 만들어야 한다. 자신을 소중하게 여기는 사람에게는 그 사람을 최고로 생각하는 상대가 반드시 나타난다.

관계 회복의 주문이 이뤄지지 않는 이유

　헤어진 연인을 다시 만나길 바라면서 이런 질문을 하는 사람들이 있다.

　"'○○ 씨와 결혼하고 싶다.'라고 주문하면 이뤄질까요?"

　하지만 이 주문을 내고 우주 중매 네트워크의 '미도리 님'에게 인연을 다시 이어주기를 부탁하면 아마 미도리 님은 몹시 곤란해할 것이다.

우주님　당연히 곤란하지. 주문대로 기껏 만나게 해주었는데 '행복한 결혼'을 할 수 없어서 헤어졌잖아. 그 인연을 다시 이어달라고 하니….

190

히로시 그럼 그런 주문은 받아주지 않는다는 것인가요?

우주님 아니, 그보다 미도리 님이 커다란 혼란에 빠지겠지.

행복해지고 싶은 것인지, 불행해도 상관없으니까

그 남자와 함께 있고 싶은 것인지, 어느 쪽이 진짜

주문인지 알 수 없으니까.

그렇다. 우주는 늘 드라마틱하게 주문을 들어주기 때문에 운명적인 재결합도 있겠지만 문제는 '그 사람과 결혼하지 않는 한, 나는 행복해질 수 없어.'라고 생각한다는 사고다.

미도리 님은 이렇게 말할지도 모른다.

"그 포인트만 약간 비껴가면 간단한 일인데 말이야."

만약 그 사람이 아니면 도저히 안 된다고 생각하는 상대가 있다면 한 가지 질문을 하고 싶다. 당신의 눈앞에 2천 개 정도의 수도꼭지가 늘어서 있다. 그런데 우연히 '오른쪽에서 다섯 번째에 해당하는 수도꼭지에서 나오는 물이 맛있어서 줄곧 그 수도꼭지의 물을 마시고 있었는데, 그 수도꼭지가 고장이 나서 물이 나오지 않는다.

이 경우, 어떻게 할까? 더구나 다른 수도꼭지에서는 물이 콸콸 잘 나오고 있고 어쩌면 그중에 맛있는 물이 나오는 수도꼭지도 있을지 모른다면?

맛있는 물을 마시고 싶기는 하지만
고장 난 다섯 번째 수도꼭지에서 나오는 물이 아니면
마시기 싫다.

이것은 상대를 정해놓은 결혼 주문이다. 물론 다른 물을
마셨는데 다섯 번째 수도꼭지에서 다시 물이 나오기 시작
하는 경우도 없는 것은 아니지만 주문은 어디까지나 '다섯
번째 수도꼭지에서 나오는 물'이 아니라 '맛있는 물'이어야
한다.

자, 여기에서 다시 한번 질문하겠다.

'좋아하는 사람과 웃는 얼굴로 즐거운 인생을 보내는 것'
과 '특정인과 결혼하는 것' 중 어느 쪽이 올바른 주문일까?
잠재의식(나의 내부에 존재하는 진짜 나)이 가장 우선해서 이루
고 싶은 것은 무엇일까?

잠재의식이 '웃는 얼굴로 즐거운 인생을 보내는 것'을 우
선으로 한다면 우주는 그 주문에 대해 '그 사람과의 결혼보
다는 다른 사람 쪽이 좋다'고 판단할 수도 있다.

물론 '그 사람'과 결혼할 가능성이 없는 것은 아니다. 그
것은 상황에 따라 달라질 수 있다. 중요한 것은 '웃는 얼굴
로 즐거운 인생을 보내기' 위해 특정한 '그 남자'와 결혼하

는 방법 이외에 다른 방법이 아예 없는 것은 아니라는 점이다. 그 사람 이상으로 멋진 새로운 사람이 나타나는 경우도 있다.

"한 번 보았을 뿐인데 호감이 생긴다."

"대화도, 취미도 너무 잘 맞는다."

"연봉이 매우 높고 두루 매력이 넘친다."

"지금까지 경험한 적이 없을 정도로 상대에 대한 배려가 몸에 배여 있다."

이런 사람이 없다고? "하지만 그런 사람은 절대로 나타나지 않을 거예요."라는 말은 절대로 해서는 안 된다.

우주님 "그렇게 멋진 사람은 나타나지 않을 거야."라는 말은 스스로를 '가치 없는 사람'이라고 선언하는 것과 같은 거야. 특정한 사람과의 결혼을 우주에 주문해서 절망하기 전에 '자신을 가치 있는 사람'으로 만드는 것이 우선이라고! 불평불만이나 탄식은 아무런 도움도 되지 않아. 스스로의 인생에 책임을 져야지. 자신을 반드시 행복하게 만들어야 해. 모든 것은 그 이후의 문제야!

그런 결심과 책임감을 가지고 있다면 설사 혼자 산다고 해도 행복한 사람일 수 있다. 그리고 자신의 인생에 신뢰와 책임감을 가지고 있다면 인생을 '보다 행복하게 만들어줄 최고의 상대'가 반드시 나타난다.

극단적으로 말하자면, 아무도 없어도, 혼자 있어도 정말 행복한 사람이 인생을 더욱 행복하게 만들어줄 수 있는 행복한 사람을 끌어당긴다. 그 사람이야말로 '진심으로 당신과 함께 있고 싶어 하는' 상대이고, 당신을 보물처럼 소중하게 여겨줄 상대다. 그 사람을 인생의 반려자로 선택하는가 하는 문제는 당신의 결정에 달려 있다.

"이 사람을 놓치면 다음은 없어."라는 식으로 자신의 가치를 깎아내리지 말아야 한다. 파트너로서 정말 어울리는 상대를 선택하는 게 우선이다.

중요한 것은 '선택받는 쪽'이기도 하지만 '선택하는 쪽'이기도 하다. 실연 때문에 괴로워하고 이루어지지 않는 사랑을 어떻게든 좋은 방향으로 끌고 가고 싶다고 생각하면 '그 사람에게 선택을 받기 위해' 필사적으로 매달리기 쉽다. 하지만 우선 '본인이 스스로를 선택하는 것'이 더 중요하다. 당신이 스스로를 진심으로 '사랑하는' 것이 우선이다.

자기도 모르게 스스로의 매력에 빠져버릴 정도로 아름다

운 자신으로 살아갈 것! 그렇게 하려면 시간과 노력과 돈을
아낌없이 투자하여 자신을 소중하고 아름다운 사람으로 만
들어야 한다. 멋진 만남을 원한다면 그것이 무엇보다 빠른
'지름길'이다. 어디까지나 '웃는 얼굴로 즐거운 인생을 보내
기 위해서'다.

호~
정말
잘생겼어. ♥

상상할 수 있는
행복이라면 이미
우주에 존재한다

최근에는 결혼 상대를 찾기 힘들다는 사람들이 증가하고 있다.

우주님   "이상적인 상대가 없어."라는 주문을 보내고 행동하고 있으니까 어떤 면에서 보면 주문은 잘 이뤄지고 있다고 말할 수도 있지.

히로시   그렇지요. 입 밖으로 표현되는 모든 말이 우주로 보내는 주문이니까요.

우선 중요한 것을 한 가지 명확하게 해두고 싶은데, 아무리 결혼 상대를 찾기 힘들다고 해도 당신에게는 배우자가 나타난다는 것이다. 배우자와 손을 잡고 행복한 표정으로 길을 걷는 당신의 모습을 한번 상상해보자.

상상이 되는가? 상상할 수 있다면 그것은 이미 사실로서 우주에 존재한다는 뜻이다.

"하지만 헤어졌는데…."라거나 "결과적으로 나쁘게 끝났는데…."라는 말은 절대로 입 밖에 내지 말아야 한다. 이건 정말 부탁하고 싶다. 상상할 수 있는 것은 사실로서 이미 우주에 존재한다는 것을 알아야 한다. 상상이 아니라 사실이다! 그 이유는… 앞으로도 얼마든지 새로운 사람을 만날 수 있기 때문이다. 이건 희망적인 관측이 아니라 사실이다. 그리고 그 연인(배우자)은 이미 이 세상에 존재한다. 물론 아직 태어나지 않았을 수도 있지만 그런 경우는 거의 없다.

그래도 "내게는 연인이 생기지 않을 거야."라고 생각한다면 "나는 상대에게 사랑을 받을 가치가 있어."라는 허가를 스스로에게 내주지 않았기 때문이다.

당신이 여성이든 남성이든 태어나서 지금까지 살아온 인생에서 상대로부터 사랑을 받을 가치가 없다고 생각한 어떤 계기가 있었을지 모른다. 대부분의 경우, 연애가 뜻대로 풀리지 않는 이유는 상대에게 아버지나 어머니의 사랑을 요구하기 때문이다.

어린 시절에 받을 수 없었던 사랑을 받으려는 생각이 앞서서 상대를 제대로 보고 있지 않을 가능성이 높다. 이럴 경우 주문은 우주에 도달하기 어렵다.

이런 생각을 없애버리는 간단한 방법이 있다. 우선 차분하게 앉아 호흡을 정돈하고 눈을 감는다. 당신의 눈앞에 아버지나 어머니가 있는 이미지를 그리고 이렇게 말한다.

"아버지, 저는 아버지의 자식으로서 아버지를 정말 사랑해요."

"어머니, 저는 어머니의 자식으로서 어머니를 정말 사랑해요."

그렇게 중얼거렸을 때 마음속에서 무엇인가 끓어오르는 것이 있는가? 감정의 변화가 느껴지는가? 마음속에 떠오르는 감정을 순수하게 인정하고 받아들여야 한다.

"우주에서 가장 사랑받고 싶어. 소중한 사람으로 대접받고 싶어. 아버지가 나를 소중하게 대해주지 않았는데 다른 사람이 나를 소중하게 대해줄 리가 없어."

아이는 부모를 사랑하기 때문에 딸은 잠재의식 안에서 "나를 소중하게 대해주는 사람은 '아버지'뿐이야. 그 아버지가 나를 소중하게 대해주기 전에는 다른 어떤 남성도 나를 소중하게 대하도록 허락할 수 없어."라고 아버지의 자리를 아버지가 사랑해줄 때까지 비워두고 있는지도 모른다. 아들인 경우에는 "나는 어머니를 기쁘게 해드릴 수 없었기 때문에 어머니를 기쁘게 해드릴 수 있을 때까지는 다른 어떤 여성도 기쁘게 해줄 수 없어."라고 어머니의 자리를 어머니가 행복해질 때까지 비워두고 있는지도 모른다.

아버지의 인생, 아버지 존재 자체를 존중하자. 어머니의 인생, 어머니 존재 자체를 존중하자. 그리고 눈앞에 부모가 있다는 이미지를 그리고 존경하는 마음을 표현하면서 이렇게 말한다.

"나는 사랑을 느낄 수 있는 존재야."

"나는 소중한 대접을 받는 존재야."

"아버지(어머니)로부터 나는 충분한 사랑을 받았어."

"나는 어린 시절에 아버지(어머니)로부터 사랑을 충분히 받았어."

"이제 내가 받은 사랑을 내가 책임을 지고 다른 사람들에게도 줄 거야."

당신의 내부에 이미 존재하는 사랑의 존재를 깨닫게 되면 반드시 무언가가 바뀔 것이다.

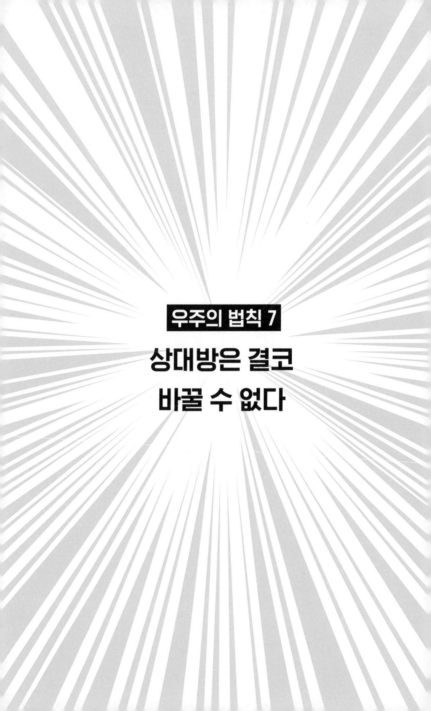

우주의 법칙 7

상대방은 결코
바꿀 수 없다

상대가 바뀌기를 바라는
사람을 교육하는 방법

상대를 바꾸기 위해 필사적으로 매달리는 사람은 상대가 마주 보는 거울처럼 자신의 마음을 들여다보고 있다는 생각은 하지 못한다. 하지만 그 사람의 우주에 등장하는 사람들은 전부 자기 자신이다. 따라서 상대가 싫어서 견딜 수 없다면 스스로를 싫어하고 있는 경우가 대부분이다.

우주는 단순하다. 가령 결혼을 한 경우라면, 배우자끼리 서로를 존중해야 풍요로운 에너지를 교환하면서 함께 주문을 보내는 능력을 높여갈 수 있다. 하지만 안타깝게도 남성과 여성은 크게 다른 동물이다. 생각 자체도 정말 이해하기 어려울 정도로 차이가 크다. 예를 들어 어떤 문제를 해결하는 방법도 남성은 대체로 눈에 보이는 문제를 해결하는 데

주안점을 두지만, 여성은 그 문제의 이면에 있는 원인을 따져보고 먼저 해결 짓기를 바란다. 또 남성은 여성이 자신을 의지하기를 바라지만 여성은 상대가 자신의 의견을 받아주기를 바란다. 물론 사람에 따라 다르기는 하지만 이렇듯 커뮤니케이션 방법이 정반대인 경우가 많다.

따라서 말이 통하지 않는 다른 나라 사람이라고 생각하고 커뮤니케이션 방법부터 깨우쳐야 한다. 그리고 자신의 가치관을 기준으로 서로에게 기대를 할 것이 아니라 먼저 "이 사람에게는 어떻게 설명해야 올바르게 전달할 수 있을까? 남성(여성)들의 문화는 어떤 것일까?" 하고 생각한 뒤 접근해야 한다. 전혀 다른 동물이라고 생각하면서 관찰하고 객관적인 거리를 유지하는 게 먼저다.

행복하게 해달라는
사람을 교육하는 방법

남녀 관계의 붕괴는 '상대가 ○○을 해주지 않는다'는 불만에서 시작되는 경우가 많다. 남녀가 원하는 것이 전혀 다르기 때문에, 그 성질을 이해하지 않는 한 당연히 다툼이 발생할 수밖에 없다.

중요한 점은 '상대가 이렇게 해주면 정말 행복하겠다'는 기대를 버리는 것이다.

자신을 행복하게 만들 수 있는 사람은 자신밖에 없다는 사실을 받아들이고 먼저 스스로를 행복하게 만들어야 한다. 그렇게 하면 상대는 '행복하게 해줘야 한다'는 지나친 압박감을 느끼지 않게 되고 안정된 마음으로 사랑을 할 수 있다. 하지만 사람들은 아무래도 상대에게 행복을 위탁하기 쉬운 동물이기 때문에 이 부분은 신경 써서 교정해야 한다.

남녀는 기본적으로 다른 심리 구조를 가지고 있는데 똑같이 느끼기를 바라는 것 자체가 오해의 불씨가 된다. 물론 상호작용으로 서로 좀 더 많은 행복을 느낄 수는 있다. 반려자와 함께 우주에 소원을 주문하면 서로의 우주가 상호 반응을 하여 엄청난 기적이 잇달아 발생하는데, 그것을 모르는 부부나 연인이 정말 많다.

시원찮은 상대와 결혼을 해도 자신의 에너지가 높아지면 상대는 거기에 맞추어 빛이 나기 시작한다. 그러니까 '기혼자가 멋져 보인다'는 것은 사실 그 사람의 배우자가 멋지기 때문이기도 하다. 즉, 상대가 어떤 사람이든지 간에 자신의 에너지로 빛나게 할 수도 있다는 것이다.

남성들은 대개 여성을 기쁘게 하는 행동을 해서 고맙다는 말을 돌려받으면 그것으로 행복하다. 여성은 이 성질을 잘 살려 남성이 활약할 수 있는 기회를 만들어주어야 한다. 자신을 행복하게 해주지 않는다는 이유에서 불평을 하고 공격하는 행동은 절대로 하지 말아야 한다. 배우자에게 중요한 것은 상대의 신뢰감이기 때문이다.

당신이 바뀌면 상대가 바뀐다

"남편이 바뀌면 정말 좋겠어요."

"아내가 조금만 더 나를 인정해주면 좋겠습니다."

이렇게 상대방이 바뀌기를 바란다는 상담을 나는 자주 받는다.

우주님 이런 말은 상대에게 "당신은 그 상태로는 문제가 많아."라고 말하는 것과 같아. 그리고 '바뀌지 않는다', '인정해주지 않는다'는 주문까지 보내고 있는 셈이지.

히로시 아, 저도 찔리는 부분이 있네요.

우주님 그런 주문이 너의 특기였으니까. 어린아이처럼 늘
       'ㅇㅇ해 주었으면….' 하고 바라기만 했잖아.

히로시 아, 그러게 말입니다. 지금 생각하면 정말 의미 없는,
       저에게 독이 되는 주문들이었지요.

'남편이 부드럽게 바뀌었으면….', '아내가 상냥하게 바뀌었으면….' 하고 생각해도 유감스럽지만 그것은 옳지 않은 주문이다. 서로 각자의 우주를 가지고 있는 이상 우주에 요청하는 주문은 자신의 문제로 한정해야 한다.

우선 한 가지 포기해야 하는 것이 있다. 그것은 "상대가 나를 행복하게 해주었으면….", "상대가 바뀌었으면…." 하는 생각이다. "남편이 돈을 좀 더 벌어오면 행복해질 텐데….", "아내가 좀 더 나를 인정해주면 행복해질 텐데…." 이런 생각도 환상이니까 즉시 버려야 한다!

그 대신 '상대가 바뀌기를 바라는 부분'과 '왜 상대가 바뀌기를 바라는가'를 종이에 적어본다. 예를 들어 아내 쪽에서 '남편이 바뀌기를 바라는 부분'으로 "육아를 같이 하면 좋을 텐데….", "세탁 정도는 스스로 하면 좋을 텐데….", "맞벌이를 하고 있으니까 가사는 절반씩 나눠서 하면 좋을 텐데…." 등이 있다고 하자.

그 이유는 무엇일까? 육아가 힘이 들어서? 아니면 가사를 혼자 감당하기 힘들어서? 물론 그런 부분도 있겠지만 그 바탕에 감추어져 있는 것이 있다.

상대에게 좀 더 소중한 대접을 받고 싶다.
나를 좀 더 존중해주고 사랑해주면 좋겠다.

가사나 육아를 같이 하기를 바라는 마음은 남편으로부터 충분한 사랑을 받고 있다는 느낌이 들면 자연스럽게 해소된다. 사랑을 느낀다는 것은 상대로부터 소중한 사람으로 대접받고 충분한 배려를 받는 상태이기 때문이다.

하지만 앞에서 나는 이렇게 말했다.

"상대는 바뀌지 않는다."라고!

그렇다면 어떻게 해야 할까? 여기에도 선불의 법칙이 효과적이다.

"선불이라고 하면 돈을 가리키는 것인가요?"

이렇게 묻는 사람이 있겠지만, 아니다. 돈도 에너지이지만 사랑도 에너지다. 사랑도 순환하기 때문에 선불의 법칙은 모든 부분에 활용할 수 있다.

부부는 흔히 '마주 보는 거울 같은 것'이라고 하는데, 아내가 남편에게 불만을 품고 있을 때는 대부분의 경우 남편도 아내에게 불만을 품고 있다. 하지만 좁은 시야로 자신이 불만스러운 부분만을 들여다보고 상대의 불만은 전혀 보지 않는다. 그러면서 거울을 향하여 "당신이 먼저 웃어봐."라고 말하는 것과 같다. 거울은 이쪽이 웃지 않는 한, 절대로 웃어주지 않는다.

여기는 당신의 우주이기 때문에 당신의 주문이 중요하다.

"상대방이 바뀌지 않는 한, 행복해질 수 없다."

이 말에는 부정적인 단어가 둘이나 들어가 있다. '않는', '없다'이다. 이럴 경우 상대는 바뀌지 '않고', 행복해질 수 '없는' 현실이 지속된다. 그렇기 때문에 당신이 먼저 웃어야 한다. 즉, 스스로 웃는 얼굴로 만드는 것이 우선이다.

"감사합니다."
"정말 다행이야."
"재미있었어."
"맛있네."

우선 이런 말을 서로 공유했을 때를 떠올려보자.
최근에 '사랑의 빔'을 쏘아본 적은 있는가?

사랑의 빔이
행복과 성공을
불러온다

결혼한 남성들 중에 "아내가 이거 해라, 저게 잘못됐다 하는 식으로 잔소리가 너무 많습니다."라고 말하는 사람이 있다면 그는 아내에게 사랑의 빔을 충분히 쏘아주지 못하고 있다는 뜻이다.

'사랑의 빔'이란 상대방의 미간을 향해 마음속으로 '사랑의 빔!'이라고 외치면서 최대한 존중과 사랑을 담아 에너지를 전달하는 것이다. 또 현실적으로도 꽃을 선물하거나 가볍게 술잔을 기울이거나 둘만의 드라이브를 나가는 식으로 애정을 전하는 것이다.

아내는 나를 성공과 행복으로 이끌어주는 여신님이다. 혹여라도 '내가 먹여 살리고 있다.'라는 생각은 절대로 하지 말아야 한다. 그리고 자신을 돌보아주는 '어머니'로 생각해서도 안 된다. 그런 식으로 생각하면 성공할 수 있는 운이 모두 새나가버린다.

결혼한 남성의 자기 긍정감은 소중한 배우자를 웃는 얼굴로 만들어주었을 때 최고조에 달한다. 그렇기 때문에 어떻게 하면 자신의 여신이 웃어줄지 심사숙고해야 한다. 그것도 매일, 죽을 때까지. 이런 생각을 가지고 아내의 미간을 향해 '사랑의 빔'을 쏘아야 한다.

"이 여신은 내가 평생 행복하게 해줄 거야. 나는 아내를 소중하게 생각하는 남자야."

우리 집에도 세 명의 여신이 있다. 아내와 귀여운 딸들이다. 나는 아내에게 "사랑해."라는 말을 끊임없이 전하고 있는데, 그때마다 딸들이 "징그러워!"라고 소리치면서 달려들어 우리를 떼어놓는다.

자신의 우주를 속일 수는 없다

결혼한 남성이 성공해서 많은 돈을 벌어 원만한 가정을 구축하는 비결은 아내를 여신처럼 대하고 항상 웃게 하는 데 있다. 그리고 가족을 가장 소중하게 생각하고 최우선순위에 놓아야 한다. "가정은 전적으로 아내에게 맡긴다."라는 말은 언어도단이며 이제는 시대착오적이다.

한편 '바람은 남자의 능력'이라는 얼토당토않은 말도 있는데, 이것 또한 어리석은 남자들의 큰 착각이다.

우주님 당연하지. 설사 들키지 않는다고 해도, 하룻밤의 유희라고 해도, 그 순간 자신의 여신을 배신했다는

사실은 본인이 가장 잘 알고 있잖아. 본인이 알고
있다는 것은 본인의 우주에는 들켜버렸다는 뜻이고.
당연히 에너지가 손상될 수밖에 없지.

가족들 사이에 흐르는 에너지가 건전하고 애정이 넘친
다면 그대로 일에서의 성공으로 연결되고 자녀들도 바르게
자란다. 그런 환경에서 자란 아이는 장래에 의식을 하지 않
더라도 반듯하고 멋진 사람이 된다.

반대로 아내는 자신이 남편의 여신이라는 사실을 확실하
게 자각해야 한다. 따라서 자신도 남편에게 최대한 애정을
쏟고 행복을 선물해주어야 한다. 자신이 웃고 있는 것만으
로도 남편이 기뻐한다면 많이 웃어주자. 그렇게 하면 남편
으로부터 사랑을 받을 준비가 갖추어진다.

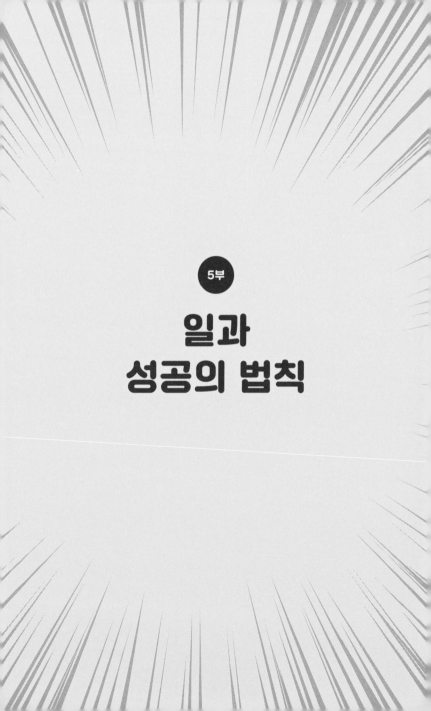

5부

일과
성공의 법칙

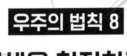

우주의 법칙 8

인생을 철저하게
즐겨야 한다

일을 고통으로 생각하는
사람을 교육하는 방법

일은 돈을 버는 것이 아니라 감사와 풍요로움의 에너지를 순환시키기 위해 존재한다. 따라서 누군가가 원하기 때문에 일이 존재하는 것이고, 거기에는 커다란 가치가 있다는 사실을 알아야 한다.

그렇다고 해서 단순히 '다른 사람을 위해 하는 것 = 일'이라는 뜻은 아니다. 일과 돈은 세트로 움직이는데, 풍요로움의 순환을 촉진시키기 위해 일을 함으로써 성취감을 얻고, 누군가에게 도움을 줌으로써 감사를 돌려받고, 돈을 벌어 자신도 풍요로운 마음을 가지게 되는 것이다. 결국은 '자신을 위한' 것이 일이다.

그러니까 '어쩔 수 없어서 일을 하고 있다.'라는 생각은 버려야 한다. 그런 생각은 좋은 결과를 낳기 어렵고 돈을 벌기도 어렵다. 본래의 '일'의 의미에서 자신이 즐겁기 위해, 성취감을 맛보기 위해 몰두해야 성공을 할 가능성이 높다.

좋아하는 일을 해도 꿈을 이루지 못하는 사람들이 존재하는 이유는 무엇일까? '나는 이런 걸 할 수 있어.'라고 마음속으로 믿지 않기 때문이다. 또 '그 일을 하고 싶다.'라고 생각하는 것이 단순한 흥미일 뿐이거나 다른 사람들에게 '멋져 보이기' 위한 것일 경우에도 성취감은 얻기 어렵다.

마음속 깊은 곳에 있는 꿈을 좇게 해야 한다. 사람들이 생각하는 '하고 싶은 일'의 개념에는 두 종류가 있다. 하나는 정말로 하고 싶은 것, 하고 있으면 즐거워서 견딜 수 없는 일이다.

또 하나는 하고 싶은 일이지만 흥밋거리 정도인 일이다.

'일은 하고 싶지 않지만 어쩔 수 없이 해야 하는 것'이라는 생각은 여기에 포함되지 않는다. 다른 사람으로부터 주어진 가치관 위에서 선택한 일이 아니라 생각만 해도 즐거운 일, 그것을 명확하게 그려낼 수 있는가 하는 것이 매우 중요하지만 뜻밖으로 그것을 그려내지 못하는 사람들이 많다.

현실만 따지는
사람을 교육하는 방법

돈과 일의 관계를 우주에서 볼 때, '10억 원을 번다'는 것은
돈과 관련된 주문인가, '좋아하는 일을 한다'는 주문인가에
따라 이루어지는 현실은 전혀 다르다.

사람들 대부분은 좋아하는 일과 돈을 양립시키기는 어렵
다고 생각하지만 그것은 착각이다. 노래를 좋아하는 마흔 살
의 남성이 '연봉 100억 원을 버는 뮤지션이 된다'는 언뜻 양
립이 어려워 보이는 주문을 냈다고 해도 충분히 이루어질 수
있기 때문이다.

이때는 얼마나 유연하게 힌트를 포착하고 행동하는지가
중요하다. 예를 들어 사업가로 대성공을 거둔 이후 라이브
클럽의 사장이 되어 인기 뮤지션을 영입하고 가끔 자신도 출

연한다면 우주의 입장에서 볼 때 꿈은 이루어진 것이다.

'일이니까', '일이 아니니까'가 아니라 즐기는 것이 포인트다. 일도 다른 것도 모두 이 지구를 마음껏 경험하기 위해 존재하는 것임을 알아야 한다.

"좋아하는 것을 일로 삼기는 어렵다."라는 말은 정말 웃기는 말이다. 우리가 지구를 '즐기는' 시간은 우주의 무한한 시간에 비하면 한순간에 지나지 않기 때문이다.

올바른 주문을 하면 기적은 얼마든지 발생한다. 그렇기 때문에 행동의 별인 이 지구를 마음껏 즐기길 바란다. 자신의 인생을 존중하고 그 몸으로 지구를 마음껏 즐기는 '인생'을 보다 넓고 깊게 포착하고 바라볼 수 있어야 한다. 그리고 '인생'을 빛내기 위해 우선순위를 정하고 최고의 시나리오를 써야 한다.

일도 주문을 실현하기 위한 행동이다

원래 일이란 물고기를 잡거나 밭을 일구어 '음식물을 얻기 위한' 사람들의 행동을 말하는 것이었다. 사람들이 생명을 유지하기 위해 음식물을 얻는 행위는 절대적으로 필요한 것이었다. 이것을 현대사회에 적용한다면 '돈을 벌기 위해' 하는 것이 일이다. 그것도 틀린 말은 아니다. 하지만 행동을 하는 것이 지구에서의 즐거움이라고 한다면, 일 역시 지구에서 맛볼 수 있는 귀중한 체험이다.

우주님 우주에는 애당초 '일'이라는 개념이 없어. 사람들이
　　　　　보낸 주문을 증폭시키고 풍요로운 에너지를

순환시키는 흐름이 있을 뿐이지.

히로시 그렇지요. 일이라기보다는 우리가 주문을 보내면,
그 주문이 이루어지도록 할 뿐이지요. 저도 이제는
그것만 생각해요.

우주님 너는 정말 단순해서 좋다니까.

우주님이 말했듯 모든 것은 행동과 사랑과 풍요로움의 순환이다. 그렇게 생각하면 '일'은 '돈을 벌기 위해' 어쩔 수 없이 하는 것이 아니라 주문을 이루기 위한 하나의 '행동'이다.

만약 주문이 "연봉 10억 원을 번다."라면 우주로부터 주어지는 힌트를 따라 현실로 만들기 위한 행동을 한다. 그것은 내가 "빚을 모두 갚고 행복해진다."라고 주문을 낸 뒤, 그렇게 하고 싶었던 옷가게를 하다 마치 무엇인가에 이끌리듯 파워스톤 가게로 전환한 것과 같다. 나의 주문은 "옷가게를 해서 성공한다."가 아니었으니까.

만약 내 주문이 "좋아하는 옷가게를 해서 성공하고 싶다."였다면 어떻게 되었을까? 단순한 상상이지만 철저하게 잘 팔리는 옷만 진열하거나 가게를 도쿄로 이전하는 등 여러 가지 힌트와 행동이 따랐을 것이다. 어쩌면 일단 옷가게를 접고 무언가 다른 일에서 돈을 버는 구조를 만든 이후에

다시 옷가게를 차리고 자금을 활용해서 광고를 하는 식으로 전개되었을지도 모른다.

그렇다. 주문에 따라 길이 바뀐다.
주문에 따라 이루어지는 방법도 바뀐다.

뮤지션을 예로 들면 이해하기 쉬울 것이다. "멋지게 데뷔해서 앨범 100만 장을 판매한다."라는 것이 주문이라면 자신의 음악 스타일을 지금 유행하는 음악으로 변경해야 할수도 있다. 반대로 주문이 "내 음악 스타일로 성공한다."라는 것이라면 독립적으로 활동을 지속하면서 먹고살 수 있을 정도의 수입만 올릴 수도 있다. "내 스타일로 성공해서 100만 장을 판매한다."라는 주문이라면 이 역시 우주님이 뜻밖의 부분에서 이루게 해줄 것이다(단, 그것이 마음속에 존재하는 진정한 소원이고, 100% 믿고 있을 경우). 어느 쪽이건 꿈을 실현시키고 일에서 성공하려면 자신이 정말 추구하고 싶은 꿈, 일에 대한 주문이 필요하다.

진정으로 바라는 일이라면 이미 이루어진 것이다

내 친구 중에 여성 작가가 있다. 지금은 도쿄에서 활약하면서 책도 몇 권 출간했지만 원래는 지방에서 세무사가 되겠다는 생각으로 공부를 하던 경리 사원이었다. 그녀는 나에게 이렇게 말했다.

"지방에 살고 있었기 때문에 정말로 하고 싶은 일이 직업이 되리라고는 생각해본 적도 없어요."

어느 날, 그녀는 한 가지 중요한 사실을 깨달았다고 한다. 자신이 숫자를 싫어한다는 사실이었다. 그리고 그 이후가 대단하다. 그녀는 자신이 어린 시절에 작가의 꿈을 가지고 있었다는 사실을 기억해냈다. 그래서 이과 계열의 전문

대학 출신이라는 점에도 구애받지 않고 지역 정보지 담당자를 찾아가 담판을 지었고, 프리랜서를 거쳐 잡지사의 정식 기자가 되었다. 그리고 마침내 '작가'가 되었다. 그녀는 회사원 생활을 그만둘 때 자신의 일기장에 당시의 목표를 이렇게 적었다고 한다.

- 27세에 상경한다.
- 30세에 프리랜서가 된다.
- 35세에 내 책을 출간한다.

실제로는 어땠느냐고 물어보았더니 아래와 같이 짧게 요약해 주었다.

- 26세에 프리랜서가 되었다.
- 30세에 내 책을 출간했다.
- 30세에 상경했다.

순서가 바뀌기는 했지만 모두 원하는 대로 이루어졌다. 회사원 생활을 그만둔 순간에는 어떤 한 가지 이미지가 번뜩 떠올랐는데, "아, 나는 내가 쓴 문장, 내가 찍은 사진으로 책을 낼 거야."라는 것이었다. 왠지 그 생각이 이미 이루어진 듯한 느낌이 들어 "그래! 그렇게 될 거야!"라는 생각에 침대 위에서 펄쩍 뛰어올랐다고 한다.

그 이후 완전히 잊고 있었는데 문득 정신을 차려보니 이미 이루어져 있었다. 그녀는 "그래요. 세무사는 내게는 무리였어요!"라며 얼굴 가득 미소를 지어 보였다.

사람은 신기한 동물이다. 가끔 자신이 좋아하지 않는 것, 하고 싶지 않은 일을 '하고 싶은 일'이라고 인식하는 경우가 있다. 부모가 "공무원이 되어 안정적인 생활을 해야 한다." 라고 말했기 때문에 어느 틈엔가 '나는 공무원이 되고 싶다.'라고 생각하거나, 자신이 자란 환경 안에서 자신의 꿈을 그리거나, 무난한 일을 '꿈'으로 치환하기도 한다.

우주님 사람들은 정말 착각을 잘해. 누군가의 '바람'은 그렇다 치고 누군가에 대한 '반발심'조차 꿈으로 착각할 정도니까.

히로시 어머니에게 반발한 딸이 어머니 기대와는 반대의 길을 선택하듯, '좋아하는' 것이 무엇인지 그 부분은 외면하고 '반발심으로 인한 꿈'을 자신의 꿈이라고 착각하는 것이지요.

하지만 '이루고 싶다'는 간절한 바람이 있는 꿈이 아닌 경우에는 반드시 왜곡 현상이 발생한다. 인간관계에서의 다양한 문제들이 발생하여 "그쪽이 아니잖아."라고 가르쳐주는 경우도 있고, 즐거움을 느낄 수 없거나 실수만 하는 경우도 있다.

현재 하고 있는 일이 잘 풀리지 않는 경우, 하고 싶은 일인데 잘 풀리지 않는 경우에는 초기의 설정 자체에 문제가 있다. 자신이 진심으로 하고 싶은 것, 이루고 싶은 것은 무엇일까? 거기에 초점을 맞추면 꿈은 이루어진 것과 같다. 덧붙여 앞에서 소개한 여성 작가를 얼마 전에 만났더니 활짝 웃으며 말했다.

"히로시 씨, 저 결혼을 주문해야 하는데 완전히 잊고 있었어요."

물론 지금도 늦지 않았다. 주문을 보낸다면 그것 역시 이루어질 것이다.

주변 사람들이
모두 행복해지는
주문의 위력

이처럼 한번 강력하고 명확한 주문을 우주로 보내면 이후에는 우주가 그것을 알아서 형태화해준다. 이것이 주문이 실현되는 구조인데, 어떤 것은 잊어버릴 만한 시점에서 이루어지는 경우가 많다.

내게도 최근에 이루어진 매우 기쁜 일이 있었다. 예를 들면 우리 집의 염원인 하와이 여행이다. 이것은 아직 빚투성이였을 때 아내에게 프러포즈하며 말한 것이 계기다.

"지금은 경제적으로 무리지만 반드시 10년 안에 하와이로 데려가줄게."

아내는 하와이를 좋아했기 때문에 나는 언젠가 내 능력

으로 그녀를 하와이로 데려가겠다고 결심하고, 그것을 우주에 주문했다. 그리고 작년 말에 두 딸을 데리고 가족 전체가 하와이 여행을 실현했다. 주문보다 약간 앞선 9년 만에 꿈을 이룰 수 있었다.

또 한 가지 이루어진 것은 아내가 정말 가지고 싶어 했던 디자인의 결혼반지를 구입한 것이다. 프러포즈를 할 때만 해도 1억 원 이상의 빚이 남아 있었다. 당연히 결혼반지도 아내가 원하는 디자인을 구입할 수 없었다. 하지만 작년 크리스마스, 마침내 까르띠에 매장에 가서 아내가 가장 마음에 들어 하는 반지를 선물할 수 있었다.

이 주문에는 덤도 따라왔다. 시계 네 개를 더 구매한 것이다. 한 개는 평소의 나의 노력에 대한 보상으로 내 마음에 든 디자인으로 골랐고, 또 하나는 나를 나보다 더 믿어주고 지원해주는 아내를 위해, 두 개는 지금 내 일을 전력으로 지원해주고 있는 스태프들에게 선물하기 위해서다.

우주님 오호, 히로시, 부자가 됐구나.

주문은 자기도 모르는 사이에 이루어진다. 그리고 이루어진 시점에는 대부분 덤도 따라온다. 나는 분명히 그 사실

을 실감했다. 그리고 또 하나, 아주 최근에 깨달은 소중한
비결이 있다.

일이건 꿈이건 자신의 반경 10미터 이내의
모든 사람이 웃음을 지을 수 있는 주문을 낼 것!

일에서 성공을 거두었고 수입도 엄청나게 늘었지만 집으
로 돌아오면 외톨이다. 꿈을 이루었는데 옆에 아무도 없다.
이런 상황이 발생할 수 있는 주문은 내지 말아야 한다. 아내
와 아이들, 그리고 자신을 지원해주는 주변의 소중한 사람
들과 함께 보낼 수 있는 시간은 지금뿐이다.

우선, 자신과 자신의 주변, 대부분 반경 10미터 이내에
있는 사람들을 행복하게 해줄 수 있는 주문을 해야 한다. 지
금까지도 설명했듯 주변에 있는 사람들이 모두 '자신'이니
까. 눈에 보이는 '자신'이 모두 웃을 수 있어야 한다. 그것이
진정한 성공이다.

그리고 사실 이런 관점으로 주문을 보내야 보다 큰 소원
을 이루기 쉽다. 자신과 자신의 주변 사람들이 모두 웃는다
는 것은 그만큼 커다란 에너지가 주변을 감싸 부정적인 것
들이 들어올 틈이 없기 때문이다. 좋은 에너지에는 좋은 에

너지가 따라온다.

"커다란 성공은 발치에서부터 이루어진다."

나는 오늘도 이 말을 마음에 새기고 있다.

두려움은 마음의 세뇌일 뿐이다

우주님 이봐, 히로시, 내가 중요한 것 한 가지 알려줄까?

실패가 두렵다는 건 지구에서 만들어진 마음의 세뇌일

뿐이야.

히로시 마음의 세뇌요?

우주님 애당초 영혼이라는 것은 몇 번이나 말했듯이 뭐든지

즐기는 존재거든. 실패가 두렵다는 건 실패를 해서

발생하는 상황을 인간의 위험 회피 능력이 작용해서

먼저 저지하려 하는 것뿐이야. 실제로 실패를 한다고

죽는 것도 아닌데 말이지. 우주의 구조로 보면

'실패하고 싶지 않다'는 것은 '실패하고 싶지 않다'는

에너지를 증폭시킬 뿐이기 때문에 더욱 실패할 가능성이 높아지지. 실패에 초점을 맞출 것이 아니라 성공에 초점을 맞추면 되는데 말이야.

히로시   하지만 실패를 하면 본래 얻을 수 있었던 것을 얻지 못해서 난처한 상황에 놓이는 경우도 있지 않나요?

우주님   아니, 너는 내가 가르쳐준 걸 벌써 다 잊어버린 거야? 반대로 실패를 해서 얻는 것도 있기 때문에 다음 행동과 연결되어서 결과적으로는 주문대로 이루어지잖아!

히로시   아, 그렇군요. 그러니까 우리가 행동한 이후 결과를 두려워하는 것이 아니라 실패를 하는 것으로 인해 발생하게 될 무엇인가를 무의식중에 피하고 있다는 것이군요?

    어째서 '실패하고 싶지 않다'고 생각하고 무의식중에 행동을 그만두는 것일까? 어린 시절에 부모와의 관계에서 얻은 실패에 대한 규칙 때문이다. 무엇인가를 성공하면 비로소 인정을 받고 무엇인가를 성공하지 못했을 때 부정을 당한, 즉 실패를 했을 때 야단을 맞은 경험 등이 있을 것이다.

    그럴 경우 '실패 = 야단을 맞는다'거나 '실패 = 두렵다'는 마음의 위험 회피 규칙이 형성되어 '실패는 하고 싶지 않다'고 생각하게 된다. 그렇게 되면 본래는 소원을 달성하기 위한 단순한 통과점에 지나지 않았던 '실패'가 생명을 위협하는 것으로 바뀌어버린다. 행동하는 것 자체가 두려워지는 것이다.

따라서 '성공했다', '실패했다'는 것은 단순한 사건이며 통과점이고 그 자체가 자신의 생명을 빼앗는 것은 아니라는 점을 먼저 머릿속에 각인해야 한다. 그리고 자신에게 이렇게 약속한다.

"나는 내가 실패해도 부정하지 않는다."
"나는 내가 실패해도 비웃지 않는다."
"나는 내가 실패해도 실망하지 않는다."
"나는 내가 실패해도 꾸짖지 않는다."
"이것이 내 방식이다."

만약 당신 집안이 실패에 매우 민감한 집안이었다고 해도 당신부터는 그 고리를 끊어버려야 한다.

실패는 단순한 경험일 뿐이지 당신의 존재를 부정하는 것은 아니다.

실패라는 행동은 반드시 주문 달성과 연결된다. 그러니까 마음 놓고 실패해도 된다!

우주님   히로시, 너도 나를 만났을 무렵 실패만 했었지.

히로시   네, 그, 그렇지요.

매 순간
우주를 향한
스위치를 켜둔다

우주님　일을 할 때는 스위치를 켜고, 일을 하지 않을 때는 꺼두라는 사람들이 있는데, 온(ON)과 오프(OFF)는 누가 결정한 거야? 사람들은 쓸데없이 이런저런 제약만 늘리고 싶어 한다니까.

히로시　저도 지금 일과 사생활을 확실하게 구분하지 않고 있는 듯한 느낌이 들긴 하지만 저는 좋은 에너지가 연결되는 느낌이 들어 나쁘지 않아요. 나의 인생을 어떻게 더 멋지게 만들 것인지 그걸 기획하고 있으니까요.

우주님　인생은 모두 행동을 즐기기 위한 것이니까 온이나

오프 따위는 존재하지 않아. 너도 내 덕분에 지금은
계속 온! 온! 온! 온! 온! 온! 온! 온! 상태잖아. 강의를
하는 도중이든 뒤풀이를 하는 도중이든 똑같이
기분이 들떠 있는 것 같은데….

히로시   그야, 즐기고 있으니까요!

그렇기 때문에 온이나 오프 따위는 없다. 이렇게 말하
면, "일과 사생활을 구분하라고 강조하는 지금 같은 시대에
온과 오프의 구별이 없다는 것은 계속 일만 하라는 것인가
요?"라는 반문이 나올지 모르지만 나는 토요일과 일요일은
확실하게 휴식을 취하면서 아내와 딸과 여유 있는 시간을
보낸다. 그렇다면 이것은 온일까, 오프일까? 이것은 우선순
위가 높은 순서로 확실하게 자신의 우주를 소중하게 취급
하고 있을 뿐이다.

무엇보다 이번 한 번뿐인 지구에서의 행동을 마음껏 즐
길 수 있는가 하는 것이 중요하다. 끊임없이 우주에 주문을
내고 그 주문을 이루기 위해 실행을 하면서 그것이 이루어
지는 나날들을 일에서든 가정에서든 마음껏 맛보면 된다.
그렇게 하면 우주는 틀림없이 당신이 원하는 상황을 만들
어준다. 물론 그것도 결국 행동에 옮긴 자신이 스스로 도달

해서 만들어내는 결과이지만.

그렇기 때문에 "일만 하고 있으면 사생활이 없다."라거나 "놀기만 하면 일에서 성공할 수 없다."라는 생각은 즉시 떨쳐버리고 지금 이 순간부터 모든 주문을 이루겠다는 강한 결심을 해야 한다.

모든 것은 지금 이 순간부터 만들어지는 것이다.

지금 어떤 일이 발생하더라도 반드시 "아, 마침내 원하는 결과가 나왔어."라고 말하는 날이 찾아온다. 내게도, 여러분에게도.

"휴우!"
방 안에 펼쳐져 있던 긴 두루마리를 말아놓고 나는 크게 한숨을
내쉬었다.

"그래. 우주든 인간의 간절한 바람이든
마음가짐에 따라 달라질 수 있다는 걸
철저하게 배우고 실천했기 때문에
내 인생이 극적으로 바뀔 수 있었던 거야!"

주문을 하는 것만으로는 바람이 이루어지지 않았던 이유,
주문은 자신의 마음이 크게 작용한다는 사실, 그 비밀들이 모두
두루마리에 씌어 있었다. 이것이야말로 우주에 주문을 보내고

소원을 이루는 진정한 방법이다.

이 두루마리에 씌어 있는 내용이 전 세계, 우주 전체에

전해진다면 "내 소원은 이루어지지 않아."라고 불평을 하는

사람은 한 명도 없을 것이다.

나는 이 두루마리를 한 명이라도 더 많은 사람들에게 전하고

싶다. 아니, 전했다!

'주문 완료!'

대체 얼마나 시간이 흘렀을까? 두루마리의 내용을 단번에

읽어버린 나는 바깥이 환하게 밝아오고 있다는 사실을 깨달을

틈도 없이 두루마리를 가슴에 품고 깊은 잠에 빠졌다.

"아빠, 아빠! 일어나!"

소파로 올라오는 둘째딸. 아내와 큰딸도 일어나 있었다.

"아빠, 왜 소파에서 자?"

"응? 아, 그게… 그렇지, 짐을 꾸리는 도중이었지. 아, 그러고

아빠!
일어나!

보니 이 두루마리, 우주님이 잊어버리고 두고 간 것인데 너무
재미있어서… 응? 어라?"
"두루마리? 그게 뭔데? 그건 아빠 책이잖아. 시리즈 3편."
큰딸이 책을 가리키며 말한다.

내가 정신없이 읽고 있던
두루마리는 한 권의 책이
되어 있었다.
"응? 아, 그렇구나.
시리즈 3편의 견본이
완성되었구나."

그렇다면 그 두루마리는
꿈? 꿈치고는 정말
생생했는데….

정말로 지금까지 모두 꿈이었다는 거야?

"우주님!"

나는 작은 목소리로 허공을 향해 불러보았다.

대답은… 없었다.

최근 우주님의 목소리를 들어본 적이 없다고 생각했지만

그것은 이미 내 목소리 그 자체가 되었기 때문일지도 모른다.

우주님은 내 안에 존재하는 진짜 나이기도 하니까.

여느 때와 마찬가지로 우리 집의 단란한 아침이 시작된다.

아침 햇살이 비쳐드는 넓은 거실, 아내와 딸들의 웃는 얼굴과

밝은 목소리, 이곳이 이번 '지구 여행'에서 내가 있어야 할

장소다.

마치고 나서

　마지막까지 읽어주신 독자 여러분들께 감사를 드린다. 사실 이 시리즈를 마무리 지으며 깨달은 것이 있다. 이 책에서 나와 우주와의 파이프 역할을 담당한 우주님의 원래 이름은 위대한 이즈미, 즉 위대한 샘물(이즈미는 '샘물'이라는 뜻임 — 옮긴이주)이다. 그리고 나는 고이케 히로시. 작은 연못(고이케는 '작은 연못'이라는 뜻임 — 옮긴이주)이다.

　작은 연못에서 고통에 시달리고 있던 내게 위대한 샘물이 메시지를 주었다. 그것은 결국 나 자신의 영혼의 목소리, '진짜 나'의 목소리였다.

　이 지구에서 행복해지고 싶어 하는 자기 자신으로부터의 메시지를 우리는 받을 수 있다. 이 사실을 깨달았을 때 새삼 인간이 살아가는 힘은 무한대라는 사실을 실감했고, 감동과 함께 기쁨이 밀려왔다.

　그렇다. 이 지구를 마음껏 즐기고 마음껏 맛보고 행복해질 수 있는 힘은 모든 인간에게 갖추어져 있다. 이 시리즈를 통하여 '작은 연못'에 빠져 고통스러워하는 사람들에게 '위대한 샘물'의 존재를 알릴 수 있었다면, 그것으로 내게는 커다란 행복이다.

여기에서 충격적인 고백을 하고 싶다! 사실 내가 인간으로 태어나는 것은 이번이 마지막이다! 이렇게 말하면, "끝까지 환상적인 이야기를 할 거야?"라고 말할 수 있지만 확신을 가지고 하는 말이다. 인간으로서 지구를 즐기는 것 또한 마지막이라고 받아들여야 '현 세상을 마음껏 맛보고 해피엔딩으로 끝낼 거야.'라고 생각할 수 있다.

우리는 지금 이 순간 눈앞에 있는 현실과 사람들을 최선을 다해 사랑과 감사의 에너지로 감싸주어야 한다. 나는 어느 시기 '메멘토 모리(memento mori)'라는 말에 깊은 영향을 받았다. '죽음을 잊지 말라'는 뜻이다. 죽음을 잊지 않고 의식하기 때문에 삶을 느낄 수 있다. 나는 그 빚투성이의 지옥에 빠져 있던 시절을 경험했기 때문에 지금의 행복을 한층 더 실감할 수 있고 소중하게 여길 수 있는 것이라고 생각한다.

이것은 "지금 눈앞에 있는 현실이 너무 고통스럽다."라고 말하는 사람이야말로 커다란 기회를 얻을 수 있다는 의미이기도 하다. 고통이 있기 때문에 정말로 원하는 행복을 의식할 수 있고 그 행복을 움켜쥐었을 때의 기쁨도 크다.

한 치 앞은 '빛'이다.

이 책에서 느낀 것, 그리고 다양한 스피리추얼이나 심리학, 자기계발 방법 등을 통해서 배운 것이 있다면 부디 자신의 '현실', '일상'에서 실천하기 바란다. 지구로 온 우리는 모두 행복해지기 위해 태어났고 행복해지기 위한 행동을 마음껏 하고 싶어 하는 존재이니까.

마지막으로 시리즈 세 편을 출간하면서 멋진 책으로 만들어주기 위해 함께 땀흘려주신 관계자 여러분께 진심으로 감사를 드린다. 선마크 출판사의 편집 담당자 하시구치 하나에(橋口英惠) 씨, 이해하기 쉬운 책으로 만들기 위해 구성에 힘써준 친구 마루(MARU) 씨, 우주님 캐릭터를 세상에 탄생시켜준 아베 나오미 씨, 시리즈 전체를 통하여 많은 도움을 준 디자이너 하기와라 겐이치로(萩原弦一郎) 씨와 교정 작업을 담당해준 오토베 미호(乙部美帆) 씨, 디자인을 담당해준 쿠마쿠마단(くまくま団) 등 정말 많은 분들이 도움을 주셨다.